おごっそうの玉手箱

新海 桂子

山梨日日新聞社

目　次

秋

〔表紙・本文写真　新海桂子〕

本書は 2012 年 4 月 21 日～ 2017 年 3 月 4 日まで、100 回にわたって山梨日日新聞に連載された「おごっそうの玉手箱」を元にレシピを中心としてまとめました。本文中の年齢等は、連載時のものです。

春

野山の幸

ふきのとう　ふき　よもぎ
たけのこ　山椒　わらび　せり
こごみ　こしあぶら
のびる　せり　あけび

畑の幸

水掛け菜　鳴沢菜
絹さや

川・湖の幸

わさび　子持ちワカサギ
ヤマメ

●写真：都留市十日市場の水掛け菜畑

春の香りを運ぶ草もち

自然の力で体を浄化

内藤英子さん（79）＝甲府市羽黒町

英子さん＆栄さんご夫妻は、私のおごっそうの師匠兼元大家さん。春の盛りに田んぼの畔でいそいそとよもぎを収穫し、山盛り作ってご近所におすそ分けするのが恒例です。よもぎは4月後半～5月中旬の青々と生い茂ったやわらかな葉先部分が色・味・香り共に最適。ふんだんに入っているので野趣あふれる風味が楽しめます。そして自家製あんことのバランスが絶妙。圧力鍋を使うと手軽に炊けるので、ぜひマスターしてくださいね。

【あんこの作り方】

あんこは小豆250gに3倍量の水を注いで圧力鍋で加圧し、完全に圧力がかかったら一晩放置。翌朝小豆がやわらかくなるまで煮たら水を捨て、砂糖250gを3回に分けて加え、木べらで混ぜながら煮詰めます。仕上げにハチミツ40g、塩小さじ1を加えて出来上がり。

材　料（草もち25個分）

上新粉500g、白玉粉 大さじ2、
砂糖 大さじ1、ぬるま湯400cc、
よもぎ300g、木灰*の上澄み液、手水、
あんこ750g（25等分に丸める）

＊木灰（きばい）…庭木を燃した灰のこと。ひとつかみの木灰に約3Lの水を注いで一晩おいた上澄み液をアク抜きに使用する。素材の色や香りが残る昔ながらのアク抜き法。（重曹小さじ1/4で代用可。）

作り方

①白玉粉にぬるま湯を少量加えて溶く。上新粉と砂糖と残りのぬるま湯を足して耳たぶ状の硬さにまとめる。げんこつ大にちぎり、強火で20分強蒸す。（半分に割って中央に芯がなければOK。）

②木灰の上澄み液を沸騰させ、よもぎの茎が十分に柔らかくなるまでゆで、2～3回水をかえて洗い、水気を絞ってあらみじん切りにする。

③①を冷水にとって急冷し、②のよもぎを加えて全体が馴染むまで適宜手水をつけながら両手でこね、25等分する。

④③をラップにはさんで小判状にのばし、あんこをのせ、両側を軽く閉じて出来上がり。

ひな祭りの特製甘酒

こうじが育む天然の甘み

杉田房子さん（86・左）＝山梨市市川

「毎年季節は巡るのに、この歳になっても春に出会うたびにどきどきするの」と乙女のように笑う房子さん。甘酒は夏の季語で、江戸時代は滋養強壮剤として飲まれていましたが、杉田家では1年を通して愛飲しています。ご主人と飲む時は、コップ1杯の甘酒に25度の焼酎を大さじ1ほど注いでかぐわしい白酒風に仕立てます。お隣は房子さんの若さの秘訣と紹介する友人、角田美智子さん。食をはじめ、暮らしの知恵を語り合って互いに磨きをかけています。

材　料（10L分）

もち米３合、米こうじ１枚（約700ｇ）

※もち米はうるち米で代用できるが、完成時の甘みが薄くなる。

作り方

①もち米は洗って約3倍量の水を注いで1時間程おき、強火にかけて沸騰したら火を弱めてお粥を炊き、粗熱を取り除く。

②米こうじをほぐして保温容器に入れ、80℃以下に冷ましたお湯500ccを注ぎ、①も加えて混ぜ合わせる。以降60℃を保ちながら５～10時間かけて発酵させて甘酒の原液を作る。仕上がりの目安は濃度と風味と甘み。発酵過多になると茶色がかり、酸味が強くなる。

③甘酒の原液に水を加えて10Lに調整し、ミキサーにかけ、鍋に移して沸騰直前まで温めて出来上がり。お好みで少量の砂糖を補う。

④冷めたら小分けにして冷蔵庫で保存し、新鮮なうちにいただく。

※原液は冷蔵庫で約半月保存可。

※保温容器は電気炊飯器やヨーグルトメーカーを使うと便利。

花豆のおこわ

卒業、栄転 … 祝福込めて

有井正一さん（78）・節子さん（75）ご夫妻
＝北杜市須玉町小尾

1000ｍの高地に暮らし、食材から炭を焼くまで大概のものは自給自足しているご夫妻。ただし花豆は1200ｍを超える高冷地でしか実を結ばないため同町黒森の親戚から譲り受けています。豆の中でも花豆は最大級の大きさで、炊くには手間暇が必要。豆炊き名人の節子さんは、「ゆっくりと七輪のとろ火で煮てこそ、皮のやわらかい豆が炊きあがる」と話します。ところで有井家でお赤飯といえば、小豆入り赤飯より花豆おこわが主流、お祭りや祝い事に欠かせません。「残ったら、油でこんがりと炒めてしょうゆをたらすと病みつきの焼きめしに」と正一さんの大好物も紹介してくれました。ご夫妻が手にするのは寒干しだいこん。こちらも高冷地ならではの名品。

花豆の甘煮

花豆1kgは水洗いしてたっぷりの水に2日間つけてもどす。弱火にかけ、沸騰したら新しい水に取り換えて火にかける。これを3回繰り返し、指でつまんでつぶれるまでゆで、砂糖1kgを3回に分けて加え、ゆっくりと味をしみ込ませる。塩少々を加えて出来上がり。

花豆のおこわ

材　料

花豆の甘煮 500ｇ強、もち米 1kg、食紅 少々

作り方

①もち米は洗い、食紅でほんのりと赤く染めた色水につけて一晩おく。

②①の水気を切って蒸し布に移し、花豆の甘煮をのせて包み、強火でおよそ50分蒸す。途中、菜箸を刺してもち米に空気穴を空ける。もち米を指でつまみ、少しつぶれる程度になったらぬるま湯100cc位を回しかける。10分後同様に差し湯をする。つややかに蒸し上げて出来上がり。

甲州市に伝わる伝統料理

母ゆずりの味覚でおもてなし

三枝貴久子さん（62）＝甲州市勝沼町深沢

並々ならぬ料理への情熱は母親ゆずり。「60過ぎても舌が母親の味を覚えているの。それが何よりの贈り物」と感謝しながら、正月から大晦日まで、30近くの年間行事を大切に守り、伝統料理を作り続けています。「締め豆腐」（料理写真左下）はひな祭りの重箱に欠かせぬ一品で、母親から受け継いだ巻きす（写真）で作ります。「にえー」（料理写真右下）は秋から春にかけての素朴な常備菜。だいこんとにんじんをスライサーで薄切りしてサラダ油で炒め、しょうゆ、砂糖で味付けし、細切りした油揚げを加えて煮つめたもの。「塩山地域を中心に食べられてきた料理で、煮ながら野菜を和えるので煮和え→にえーと呼ぶようになったのでは」と話します。

締め豆腐

材　料

木綿豆腐 1丁（500 g）、調味料（かつおだし 200cc、しょうゆ・砂糖 各大さじ 2.5）

作り方

①豆腐は縦半分に切り、巻きすできつく巻き、ひもでしっかりと締め、沸騰した湯に入れて20分中火でゆで、取り出して粗熱を取り巻きすをはずす。

②鍋に調味料を煮立て①を加えて落としぶたをし、弱火で10分煮る。煮汁ごとバットに移し、粗熱を取り冷蔵庫で一晩寝かす。

山中湖のワカサギ料理

春の「子持ち」 食感が愉快

槌屋孝子さん（83）＝山中湖村

「ワカサギといえば真冬の穴釣りのイメージだろうけど、地元では水温む3月から食卓に登場し、4月に産卵期を迎えて丸々と太った子持ちワカサギを楽しむのが恒例だよ」と孝子さん。この時期、釣り船屋を営む親戚からキロ単位で届くので、大きさに合わせて即日調理を施します。ご主人の虎能作さんの一押しは素焼き。フッ素加工のフライパンで両面を焼いて塩・こしょうでいただくと、その淡い香りが最大限楽しめます。どうぞお試しあれ。

特製唐揚げ

材　料

ワカサギ（7～8㎝大）250ｇ、揚げ油 適宜、タレ（砂糖 90ｇ、しょうゆ 45cc、酢 30cc、赤唐辛子の小口切り ひとつまみ）

作り方

ワカサギを180℃に熱した揚げ油でパリッとなるまで揚げる。熱いうちにタレにつけこむ。

フライ

材　料

ワカサギ（10㎝大）28尾、薄力粉 適宜、衣（卵1/2個、牛乳 50cc、焼酎 30cc、塩・こしょう 各少々）、パン粉・揚げ油 各適宜

作り方

①ワカサギと薄力粉をビニール袋に入れて大きく数回ふる。衣の材料は混ぜ合わせておく。
②ワカサギに衣、パン粉を順につけ、170℃に熱した揚げ油でキツネ色になるまで揚げる。

※衣に焼酎を加えてさっくりとした食感に仕上げるのが孝子さん流。

湯島の温泉卵

唯一無二の山の恵み

中居義正さん（68）
＝早川町湯島「西山温泉湯島の湯」にて

西山温泉は今からおよそ1300年前（慶雲2年＝705年）、川の岩間から噴き出していたのを発見されたのが始まり。かの武田信玄や徳川家康も訪れたとされるほどの優れた泉質で、医薬品がなかった時代、西山温泉につかって病気を癒しました。「昭和半ばまでは県内外から湯治客が訪れ、活気づいていたんだよ」と語ります。湯島の湯オープン（2005年）を記念し、温泉水が十二分に染み込んだゆで卵を生み出しました。殻を割ると白身はほんのりとクリーム色、口に含むとふわりとイオウの香りが広がります。

材　料

卵・温泉水（出来れば汲みたて）　各適宜

作り方

①卵は室温にもどして鍋に入れ、たっぷりの温泉水を注いで強火にかける。
②沸騰したら卵が踊らぬ程度の弱火で3時間ゆでる。卵が湯から顔を出さぬよう、適宜温泉水を継ぎ足しながら、時々アクも取り除く。
③網じゃくしで卵をすくってざるに上げ、そのまま室温で冷まして出来上がり。お好みで塩をつけていただく。

※温泉水は飲用可の物を使用すること。空気に触れると酸化し、鮮度を失うので汲みたてを。

その他温泉水の利用法

- お粥やご飯を炊くと、お米が格段においしくなる。
- 焼酎の温泉水割りもおすすめ

牛乳豆腐

濃厚 初めてのおっぱい

山口牧場の山口みさ子さん（68）
＝富士河口湖町富士ケ嶺

初乳は牛が子牛を産んだ際に出す初めのお乳のこと。出産後1週間の牛乳は出荷禁止のためにその味を知る人は稀でしょう。子牛が病気にかかりにくくする成分がふんだんに入っており、豆乳色で、エバミルク並みの濃厚な味わい。これを長時間湯煎してチーズ状に固めたのが「牛乳豆腐」。酪農関係者のみに伝わる珍味です。中でもみさ子さんは、初産の初乳に限って作るので希少価値の高い一品です。お味の程はといいますと…。中央部分はカマンベール、外側は固く締まってまるでモッツァレラチーズの食感でミルキーな味わい。こそばゆいほど慈愛に満ちていました。

【参考】初乳を使った作り方

作り方

- ●搾りたての初乳約1Lはこして鍋に入れ、湯煎する。
- ●表面に湯葉状の膜がはり、初乳がまんべんなく固まるまで時々竹串で確認しながら約3時間湯煎して何もついてこなくなったら出来上がり。
- ●熱いうちにしょうゆ、おかか、山椒の若芽などを添えていただく。またはスライスして油で両面を焼いてしょうゆをたらす。

※牛乳豆腐は通常の牛乳では作ることが出来ない。初乳はお産を済ませたばかりのお乳がベスト。3～4日目のお乳は成分が変化して固まりにくいので、お酢を少量落として固め、カッテージチーズ状に仕上げて砂糖をかけていただくと美味。

鳴沢菜

調理自在 初々しい若菜

渡辺豊富さん(48)= 鳴沢村

鳴沢村の伝統野菜「鳴沢菜」(p83参照)は漬け菜として知られていますが、その間引き菜は地元人のみぞ知るおいしさ。豊富さんは夏バテする8月に、お浸しを冷蔵庫に冷やしておけばご飯が何杯でも食べられると相好を崩します。この美味しさを世に広めたいと、近年ハウス栽培を始め、2月中旬から5月初旬まで近隣のスーパーマーケットなどに出荷を始めました。20～30㎝丈の菜はアクがなく、歯応えが絶妙な上、加熱しても色が鮮やかなままなので大変重宝。油で炒めると鳴沢菜特有のコクが増し、後をひく美味しさです。

鳴沢菜と厚揚げの炒め物

材　料

鳴沢菜 200 g、厚揚げ 1丁、にんじん 小1本、豚挽き肉 100 g、ゴマ油 小さじ1、調味料(酒 大さじ1、しょうゆ 小さじ2、砂糖 少々)、白ごま 適宜

作り方

鳴沢菜は 2.5㎝の長さ、厚揚げとにんじんはひと口大の短冊切りにする。フライパンにゴマ油を熱し、豚挽き肉、にんじん、厚揚げを順に炒め、調味料を加える。香ばしい香りがしてきたら鳴沢菜を加えてさっと火を通し、ツヤが出たら白ごまを散らす。

一夜漬けむすび

作り方

鳴沢菜に対して2%の塩をまぶして一夜漬けを作る。細かく刻んで、しらす干し、白ごまと一緒に炊きたてのご飯に混ぜるとお弁当に最適。

おしゃかこごり

花祭りに供える“鼻くそ”

藤田幸子さん（79）＝身延町波木井

4月8日は花祭り（灌仏会）。お釈迦様がこの世に誕生したといわれ、その日花々が咲き乱れて天から産湯に使う甘露が降り注いだと言い伝えられます。ここ山梨では花祭りに「少ないお米で、こんな鼻くそ程度のものしかそなえられませんが」と詫びながらお釈迦様の頭を模した「おしゃかこごり」を供えたのだそう。これを食べると知恵を授かるといわれます。幸子さんが子どもの頃、母親が汗水垂らしながら作ってくれたことを懐かしく思い出しながら再現してくれました。

材　料（6～8個分）

大豆 200 g、あられ 200 g、
米粉（上新粉）200 g、
砂糖 200 g、塩 小さじ 1/2

※あられは自家製のもちをサイコロ状に切って乾燥させ、油で揚げたもの。

作り方

①大豆はカリッとするまで弱火で約 20 分乾煎りする。
② 800ccの熱湯を①に加えてひと煮立ちさせて大豆を取り出す。
③②に米粉、砂糖、塩を入れ、中～弱火にかけ、木べらで混ぜながら表面が透き通るまで火を通す。大豆と、あられも加えて全体をなじませる。
④粗熱を除き、手水をつけながら 3 ～ 4㎝のピンポン玉大に丸めて出来上がり。

※地方により、米粉の代わりに小麦粉、くず粉などでも作る。

小麦まんじゅう

おおらかで素朴な春の味

窪寺紀代子さん(70)＝甲斐市吉沢
いつも目分器（p26参照）で作るのに、ぴたりと同じ味に決まるのが長年の技。「生地を混ぜた後、時間があればラップをかけて30分～半日寝かすと、しっとりとした生地になるよ」と紀代子さん。春にはよもぎまんじゅう、秋には庭のかぼすを入れたかぼすまんじゅうを作ります。蒸し上がりを食べるのが一番ですが、冷めてしまったらフライパンであぶったり、トースターでこんがりと焼いて召し上がれ。

基本の小麦まんじゅう

材　料（10個分）

生地（地粉 300 g、ベーキングパウダー 20 g、スキムミルク 30 g、砂糖 30 g、塩 小さじ1、ぬるま湯 180cc強）、あんこ 250 g（10等分に丸める）

作り方

①ボウルに生地の粉類をふるい入れ、ぬるま湯を徐々に注ぎ、全体がなじむように両手でざっくりとこねて耳たぶ程度の硬さの生地を作る。

②生地を10等分に分け、手のひらにのばして中央にあんこを包む。

③蒸気の上がった蒸し器にクッキングシートをしき、とじ目を下に置き、上にもクッキングシートをかぶせ、約15分蒸して出来上がり。

春のよもぎまんじゅう

材　料

よもぎ 200 g、重曹 小さじ1、生地（地粉 300 g、ベーキングパウダー 20 g、砂糖 30 g、塩 小さじ1、よもぎのゆで汁 160cc強）

作り方

よもぎを重曹入りの沸騰した湯でやわらかくなるまでゆでて水洗いし、再度新しいお湯でゆでる。このゆで汁で生地をのばすのがポイント。よもぎはすり鉢ですって生地に練り込んで作る。

水掛け菜

冬から春先にかけ満喫

奈良恵美子さん（83･中央）、佐藤よし子さん（80･右）、滝口みつ子さん（77・左）＝都留市十日市場

水掛け菜は明治中期以降から十日市場で育てられてきた伝統野菜。田んぼの裏作として作られ、稲刈り後の10月10日頃に種まきし、15㎝に育った頃に富士山の湧水を引き込みます。根元間際まで水を満たし、厳冬期に根が凍らぬように湧水の温かさを利用して、根を守るのです。出荷のピークは年末。都留・富士吉田・大月方面のお雑煮に水掛け菜は欠かせません。3月末から4月上旬にかけてトウのたった茎菜と菜花は、アクがなくてやわらか。青物の少なくなるこの季節、大変重宝され、市場に出回らぬ地元だけのお楽しみです。

白和え

材　料

水掛け菜 300 g、和え衣（木綿豆腐 300 g、砂糖 50 g、みりん 大さじ 1、塩 小さじ 2/3）

作り方

①水掛け菜はたっぷりの沸騰した湯に塩ひとつまみ（分量外）を入れてゆで、流水にとって冷やして水を切り、1.5㎝の長さに切る。

②和え衣の材料を混ぜ、①を和える。

その他の調理法

- **ごま和え**：白すりごまと砂糖 1:1 にみそ適宜、みりん・しょうゆ各少々を合わせて和え衣を作り、水掛け菜を和える。
- **サラダ**：水掛け菜にカニカマを加え、マヨネーズ、練りわさびで調味する。
- **天ぷら**：3 分咲きの花芽に天ぷら衣をつけて中温で揚げる。

丹波山のわさび

根から花まで余さずに

守屋い志江さん（77·右）と友人の楪沢幸江さん（70）＝丹波山村

わさびは丹波山村の特産品。昭和40年代半ばまでさかんに栽培されており、い志江さんも生産者の一人です。幸江さんが持つのが花わさび（通称・花っぱじき）。4月中旬に出回るわさびは沸騰したお湯を注いで約20秒おき、ざるに上げて熱いまま甘酢につけて冷ますと、清々しい辛味が楽しめます。い志江さんが持つのが茎わさび。11月の七五三の頃のわさびは辛味が増して最高値がつくので、この時期を逃さず収穫。わさび漬けを大量に仕込んで親戚中に送り届けます。

わさび漬け

材　料

茎わさび（根付き）400 g、塩 30 g、酒粕 150 g、砂糖 30 g

作り方

①茎わさびは葉と茎と根に分け、葉の部分はあらみじん切り、茎の部分は小口切りして塩をまぶして 10 分おいて水気を切る。根の部分はすりおろす。

②酒粕は、電子レンジで 1 分間加熱してやわらかくし、砂糖を加えて冷ます。

③①を②で和え、室温に 3 時間程度おいてなじませる。

※密閉容器に入れて冷蔵庫で 1 週間、冷凍庫で 1 ヶ月を目安に食べきる。

根わさびの楽しみ方

上部（葉付き側）から円を描くようにすりおろすと辛味とほのかな甘みを引き出せる。おろしたてを白いご飯にのせ、しょうゆをひとたらしする。

※すりおろしたわさびに砂糖少々を入れると辛味が続く。冷蔵庫で 4 ～ 5 日保存可。

春の山菜

山笑う季節に楽しむ

とみや青果店の大森功さん（66）・はつ子さん（67）
ご夫妻＝甲斐市中下条

山菜博士と呼ばれる功さんは野山の恵みを語り出したら止まらず、いつしか聞く側にも“山菜熱”が伝染するほど。せりは春の七草の一つで、川に生える丈の長いものが川ぜり。田ぜりは田んぼにはいつくばって生え、味が濃いのが特徴です。湿地帯に生える猛毒の毒ぜりと間違えないようにくれぐれもご注意ください。功さんのもう一つのおすすめがのびる。軽く焼いてみそをつけたり、ゆでて酢みそがけしたり、生のまましょうゆに漬けても乙なもの。はつ子さんには優雅な花茶を教えてもらいました。食用可能な春蘭やすみれをさっと熱湯にくぐらせ、水気を切ったら塩を適宜まぶして冷暗所で保存。お湯を注げばグラスの中に春を再現できます。

せりご飯

材　料

せり（あれば田ぜり）250 g、油揚げ 2 枚、
サラダ油 大さじ 1、
調味料（しょうゆ・砂糖 各大さじ 2、
顆粒だし 小さじ 1/2）、
温かなご飯 3 合分

作り方

①せりは丁寧に水洗いし、根元はあらみじん切り、葉の部分は 1cmのざく切りにする。
②油揚げは熱湯を回しかけた後、ひと口大の細切りにする。
③フライパンに油を熱して強火でせりを炒め、ツヤが出たら油揚げを加えて手早く炒める。中火にして調味料と水大さじ 2 を加え、混ぜながら汁気がなくなるまで炒りつける。
④ご飯に③を混ぜ、10 分程度蒸らして味がなじんだら出来上がり。

※せりの他、こしあぶらや香茸ご飯も大変美味。（香茸の下処理については p64 の①を参照）

花山椒

特有の香気と辛さが魅力

今泉治通さん (72)・昭子さん (71) ご夫妻
＝大月市笹子町白野

4月後半、山椒の雌木は小さな黄花を咲かせます。これを花山椒と呼び、時を逃さず摘み採って風雅な佃煮を炊くのは昭子さん。若芽で佃煮を作る場合は、下ゆでした山椒にひたひたの酒を加えて蒸し煮し、色付け程度にしょうゆを加えて炊けばOKです。治通さんの山椒みそは父親譲りで、山椒メインの野趣あふれる味わい。焼き豆腐にのせてつまみにすれば、日頃なじんでいる笹一酒造の清酒が一層引き立ちます。「季節の恵みを好奇心を持って食したり、加工したりするのが、生きている幸せというもの」と治通さん。日本の至る所に山椒が生えています。ぜひ見つけて季節の香りをお試しください。

花山椒の佃煮

材　料

花山椒 100 g、調味料（酒 100cc、しょうゆ 大さじ1、みりん 小さじ 1）

作り方

①花山椒は沸騰した湯に入れて約 1 分ゆでてアク抜きをし、ざるに上げる。

②調味料を鍋に入れて沸騰させ、①を加えて中火で汁けがなくなるまで約 15 分煮る。

※冷蔵庫で約 2 週間保存可。小分けにして冷凍すれば 1 年間楽しめる。

治通さんの山椒みそ

作り方

山椒の若芽 50 g をすり鉢でペースト状になるまですり、白みそ 大さじ 1.5、砂糖 小さじ 1/2、焼酎 大さじ 2 を加えてすり混ぜる。

※舌が痺れる大人向けの味わい。焼酎の代わりにみりんで甘めに仕上げるとまろやかに。

五穀豊穣祈る「やこめ」

貴重な米、大豆で代用

山本初子さん（80）＝甲斐市吉沢

古来より日本では種籾を炒って「焼米」を作り、その煙で害虫や害鳥を追い払い、その年の豊作を祈る風習があります。山梨では貴重な米の代わりに大豆を炒ったのでしょうか。苗間作りの際、各地で炒り大豆入りおこわ「やこめ」を水口に供えます。初子さんが嫁いだ当初、お姑さんの作るやこめは昔ながらのもので大豆を炒って作る噛み応えのあるものでした。その後、しばらくやこめ作りは途絶えていましたが、みそ屋に嫁いだ娘さんから“幻の大豆（曙大豆）”が定期便で届くようになって復活。どの年代にも食べやすい煮豆方式に改良されました。ふっくらと味を含んだ大豆の美味しさが楽しめる初子さんのオリジナルレシピです。

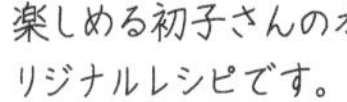

材　料（およそ 10 人分）

もち米 1kg、大豆 200 g、
調味料（しょうゆ・みりん 各 60cc、
顆粒だし 大さじ 1）、酒 90cc

作り方

①もち米は3時間〜一晩、たっぷりの水につける。
②大豆はたっぷりの水に 6 時間以上つけ、水気を切って鍋に入れ、調味料を加える。紙ぶたをのせ、味がしみるまで弱火で約 20 分煮てそのまま冷ます。
③①のもち米を蒸し器に入れ、強火で約 30 分蒸し、ボウルに移し、②を汁ごと加える。酒も加えて全体を混ぜ、再びもどしてさらに 20 分蒸して出来上がり。

甲府「おっかぁの天ぷら」

季節の野草 心地よい苦み

山本ナヲ江さん（74）＝甲府市上帯那町

かつての職場の大先輩。おおらかなお人柄と飾り気ない甲州弁で周囲を和ませ、折々におふくろ料理を差し入れて皆の気持ちをまとめてくれました。おっかぁの愛称で親しまれ、ご自宅まで訪ねる老若男女が後を絶ちません。周辺に商店がないので「ちょっと待ちょー」と言って庭先や畑で旬の食材を摘んで手際よく天ぷらを揚げ、熱々をふるまいます。特筆すべきはねぎ坊主。シャキシャキとした食感の後にほろ苦さが広がり、やみつきになるおいしさです。

材　料

お好みの季節野菜や野草
（菜の花、にら、あさつき、新にんじんの葉、ねぎ坊主、コンフリー、よもぎ、たんぽぽの花、ふきの若葉と茎、あけびの新芽と花、のびる、ハルジオンなど）
衣（薄力粉 250 g、砂糖 25 g、塩 2 g、卵 1 個）、揚げ油 適宜

作り方

①季節野菜や野草は身近な場所で収穫し、よく水洗いして食べやすい大きさに切り、水気をしっかりと取り除く。
②衣の材料をボウルに入れ、冷水 300ccを注いで菜箸でさっくりと混ぜる。
③揚げ油を170 ～ 180℃に熱し、①の各食材に薄く②の衣をつけてカリッとするまで揚げる。
④油を切って盛り付け、お好みで塩、だいこんおろし、山椒みそなどを添えて熱いうちにいただく。

※山椒みそは、酢みそに白ごま、青のり、砂糖、一味唐辛子を適宜加え、山椒の若芽をたっぷりと刻み入れたもの。

山ぶきととうぶき

芦川が育む香りと食感

霜村芳子さん（77）＝笛吹市上芦川

「芦川は標高1000ｍの高冷な土地と、きれいな芦川のおかげで香り豊かでやわらかなふきが楽しめるの」と芳子さん。きゃらぶき（料理写真右）は山ぶきのほろ苦さを味わう料理です。伽羅はかつて日本で最も珍重されたという香木のことで、しょうゆが貴重だった時代に山ぶきをたっぷりのしょうゆで伽羅色に煮しめたのがその名の由来。通常は一昼夜日陰干ししてアク抜きしますが、本レシピは下ゆでで代用する時短レシピ。強めの火加減ではりのある食感に仕上げるのが決め手です。芳子さんが手にするとうぶき（別名水ぶき）は太い茎が特徴でアクが少ないので野菜感覚で食せます。ホタルイカと炊き合わせるのがこの地域の定番。

きゃらぶき

材　料

山ぶきの茎 1kg、調味料

ⓐ（酒・しょうゆ 各90cc、みりん 大さじ3）、砂糖 大さじ2、ⓑ（酒 大さじ3、砂糖 大さじ2）

作り方

山ぶきは水に入れ沸騰後10分ゆで、水に10分さらす。3cmの長さに切って鍋に入れ、ⓐを加えて中火で10分、砂糖を加えてさらに10分煮る。ⓑで味を整え、弱火で15分煮る。

とうぶきとホタルイカの煮物

材　料

とうぶきの茎 400g、ホタルイカ（乾）（目を取り除く）80g、調味料（酒 180cc、みりん・しょうゆ 各大さじ3、砂糖 大さじ2、顆粒だし大さじ1）、サラダ油 大さじ1

作り方

①とうぶきをやわらかくなるまで水からゆで、15分水にさらして皮をむき、ひと口大に切る。
②調味料を加えて約10分中火で煮る。ホタルイカを加え、5分煮て味を含ませ、仕上げにサラダ油を回しかける。

春の名残を楽しむわらび

新鮮素材の味生かす

望月花代さん（86）＝身延町夜子沢

長年ご主人の光義さんと、栽培する曙大豆で作るみそを販売。米こうじの米（コシヒカリ）も自家製で、馴染みのみそ屋さんでこうじ付けしてもらうという凝りようです。花代さんのみそを一度舌が覚えたら、もう既製品には戻れません。ところで望月家の庭先の100坪の畑は、猿害のためしばらく休耕地になっていましたが、知人から猿はアクのあるわらびを食べないと聞き、8年前から栽培を開始。4月上旬～5月中旬まで籾殻が敷き詰められたふかふかの大地から毎日収穫することが出来ます。アク抜きさえ覚えれば、食べ方はいかようにも。「味付けは各家庭で適当に」が花代さんの決まり文句です。

わらびのアク抜き

作り方

①わらび1kgにたっぷりの木灰（100ｇ強、p6）を直接ふりかけ、わらびが踊る程度に熱湯を注いで落としぶたをのせ、ふたをして一晩おく。

②①を水洗いして灰やゴミを取り除き、きれいな水につけて半日おき、苦みを除く。しっかりと水気を切って密閉容器に入れ、冷蔵庫で保存。新鮮なうちに、おかかじょうゆをかけてお浸しにしたり、油炒めにしてしょうゆ、砂糖、酒で味付けしたり、卵とじにして楽しむ。

※生わらびは有害物質を含むのでアク抜きは必須。望月家の木灰はみそ作りの際に薪を燃やしたもの。木灰が手に入らない場合、わらびの風味は劣るが重曹小さじ1でも代用できる。

わらびの塩漬け

アク抜きわらび重量の3％の塩をまぶして密閉容器に入れ、冷暗所に保存しておくと重宝する。水洗い後、水につけて塩抜きして使用する。

南部の干したけのこ

絶妙な食感、味わい新鮮

「たけのこ研究会」の鍋田順子さん（71・右）と望月寿美子さん（72）＝南部町万沢

ここ旧富沢町陵草区のたけのこ（孟宗竹）はアクが少なく良質な味わいで、毎年県内外のファンを楽しませています。「今は一年中真空パックのゆでたけのこが出回っているけど、昔は干して保存していたの。コリコリとした食感が絶妙で濃縮した味わいが楽しめるよ」と順子さん。一般的な干したけのこはゆでてから乾燥させますが順子さんは塩をまぶして乾燥させただけ。アクが少ないからこその大胆な干したけのこです。たけのこ煮を多めに作って冷蔵庫に保存しておけば活用度大。わらび、いもがら、ごぼう、鶏肉、山椒などとおこわに炊きこむと名物の「富沢おこわ」が仕上がります。

鍋田流干したけのこ

作り方

採りたてのたけのこ約2kgは繊維に沿って３㎜の厚さに切り、大さじ１の塩をまぶして一晩おく。ざるに広げて３～４日天日干しにし、完全に乾燥したら密閉容器で保存する。

戻し方

干したけのこを水洗いし、たっぷりの水につけて一晩おき、水気を切る。圧力鍋に入れ、ひたひたの水を加えて強火で加熱する。圧力がかかったら中火で５分間加熱して自然に冷ます。

※圧力鍋がない場合は２日間水につけ、やわらかくなるまでゆでる。

戻したたけのこの調理方法

- **メンマ風きんぴら**：少量のゴマ油で炒め、煮干しだし汁をひたひたに注ぎ、しょうゆ・みりんをひと回しかけて味がしみるまで煮詰め、一味と白ごまを散らす。
- **たけのこ煮**：煮干しだしを注ぎ、しょうゆ・みりん各適宜を加え、味がしみるまで煮る。

淡竹の若竹煮

鮮度が命 身近な山の幸

古屋明子さん（76）＝甲府市伊勢

明子さんにとって、たけのことといえば淡竹（はちく）。お田植え時に畔で母親特製の「淡竹といんげんの煮しめ」を食べるのが楽しみでした。根を掘り起こして食べる孟宗竹（もうそうちく）と違い、地上に伸びた部分を食すのが特徴。アクが少なくシャキッとした食感が持ち味です。「お湯を沸かしてから、たけのこを掘りに行け」の言い伝え通り、鮮度が肝心。毎年梅雨の時期に入るとお隣の小沢さんご夫妻が朝採りして届けてくれるので、間髪入れずに下ゆでします。収穫から時間が経過していたら、米ぬかと赤唐辛子、もしくは米のとぎ汁を加えてアク抜きしてください。お酒をふんだんに使った「若竹煮」は明子さんの十八番。日本酒好きだったご主人も愛したふくよかな仕上がりです。

淡竹の下ゆで

淡竹は皮をむき、根元の硬い部分は切り落とし、火通りをよくするため縦に１本包丁目を入れる。（太い場合はスンの部分に十文字に包丁目を入れる。）鍋に入れてたっぷりの水を加え、海水程度の塩加減で約30分、一番太い部分に箸がすっと通るまでゆでる。ゆで汁ごと冷ます。（洗って水をはって冷蔵保存すれば２〜３日持つ。）

若竹煮

材　料

ゆで淡竹 400ｇ、調味料（酒 100cc、顆粒だし 小さじ1、薄口しょうゆ・砂糖 各大さじ 2）カットわかめ（乾）10ｇ、山椒 適宜

作り方

①ゆで淡竹はひと口大に切って鍋に入れ、水200ccと調味料を加えて約15分煮てそのまま冷ます。わかめは水につけてもどす。

②①の淡竹を再度温め、煮立ったら取り出し器に盛る。残りの煮汁にわかめを加え、ふっくらとするまで煮る。汁ごと盛り合わせて山椒をあしらう。

おごっそうを受け継ぐヒント

●連載の始まりは英子さんの草もち

私が山梨のおごっそうに目覚めたのは今から20年前。ひとり暮らしを始めた甲府市羽黒町で、向かいに暮らす大家の内藤栄さん・英子さんご夫妻（p6）がごく当たり前に四季の恵みを自給自足する姿を間近で見て過ごしたことから。英子さんが「今年もいたずらしたよ」と草もちを差し入れしてくれるのが恒例で、いつしか春の到来に英子さんの草もちが欠かせぬものとなりました。それまで遠くを見ていた私に、足元に宝物があることに気付かせてくれた原点の味です。

●昔ながらの山梨の伝統食 〜いい塩梅に仕上げるコツ（ケ・セラ・セラ）〜

日本の伝統食はご飯、みそ汁、季節野菜のおかずが基本。海のない山梨県ではこの限られた里山の幸を最大限生かしきることが特徴です。旬の野菜や山菜、きのこ、果物を駆使し、飽くことなく展開。漬物、乾物、焼酎やシロップ漬け、ジャムなどに加工して長期間楽しむ工夫も忘れません。

身延町夜子沢の望月花代さん（p23）は肝っ玉母さんで料理はいつも目分量、手ばかりです。秘訣を尋ねると「素材の顔を見て新鮮なうちに適当に調理することだよ」が決まり文句。「目分量ってどうやって量るんですか」と粘って問う私に「目分器だよ。身体の中にあるから見せられないよ」と笑います。目分器とはいわば体内秤のこと。代々続く日々の営み（火や水が容易に得られなかった時代には山に入って薪を調達、薪を長持ちさせるため炭焼きも行いました。汲んだ水は大事に使いまわします）の中、祖父母や親の味を舌で覚え、その姿を見よう見まねで繰り返して彼女ならではの絶妙な塩梅を体得してきたのです。

「そこにあるものを、そのまま生かすこと」。ただそれだけに集中することが適当なのだと。そんな訳で結論はケ・セラ・セラ（なるようになる）！

あまり神経質に小事にこだわらず、素材の力を信じて火と水を使いながら、五感にまかせて料理することを楽しみましょう。

●少ない米を長く楽しむ工夫

山梨は8割が山地のため水田はごくわずかで米は大変な貴重品。食い延ばす工夫が随所に散りばめられています。ご飯を炊く際は“かて飯”といって米と同量近くの押し麦（大麦）や野菜を加え、食い延ばしを図りました。せりご飯（p18）、やはたいもご飯（p60）、香茸めし（p64）、大塚にんじん飯（p80）はその名残。ハレの日に作る太巻き（p108）やおいなりさん（p109）には遊び心が満載。もちろん米ぬかも無駄にせずぬか床（p33）に活用、栄養を余すことなくいただきます。

米食にできない割れたくず米は集めて製粉し、時たまのお楽しみに米粉だんごを作りました。お供え用には奮発して良質な米から作った上新粉を使用。米の中でも「もち米料理」は格別で、花豆のおこわ（p8）、やこめ（p20）、田舎おこわ（p41）などはハレの日に。搗いたもちは稲の霊力を宿した最上のおごっそうです。

●米の代替品“米かべぇ”

【小麦編】

米を節約する策として裏作で小麦を栽培しました。地元で採れるから通称「地粉」。麺を打つことを目的としたグルテンを中程度含む中力粉です（対してメリケン粉はアメリカから輸入された小麦のこと）。この地粉を使いこなすことが食生活の要となります（p29）。

わが県の誇る郷土食「ほうとう」（p92）は一品で主食・おかず・汁物を兼ねた優れもの。少量の地粉にたっぷりの野菜を加えてかさ増しし、家族の空腹を満たします。かつては県内全域でほぼ毎晩食べていました。翌朝には煮詰まったほうとうを熱いご飯にかけたり、おだんすに添えたりしたものです。山梨県の健康寿命がトップクラスの一因はほうとうにありとも。

富士川町十谷の伝統のみみ（p93）はほうとうのショートパスタ版。お正月にお雑煮代わりとなる縁起物です。笹子のあげうどん（p48）や小豆ぼうとう（p49）は地粉を使い込んでしまうので盆暮れなどのご馳走に。

【大麦・雑穀・さつまいも編】

小麦を補完すべく、大麦、雑穀（ひえ・きび・あわ・とうもろこしなど）、さつまいもを栽培し、昭和20年代前半まで主食にしてきました。早川町茂倉のおじょうもん達が「心の栄養食」と愛して止まぬ丸麦（大麦）のお粥“おばく”（p46）や、山梨市三富徳和のもろこしのおだんす（p96）、市川三郷町網倉のさつまいものあんびん（p97）はその代表です。そば自体はやせた土地で収穫できますが、手打ちそば（p90、91）は手間がかかるため来客時のご馳走です。

夏

野山の幸

実山椒　新茶　しそ　甲州小梅
すもも　もも　みょうが

畑の幸

小麦　らっきょう　なす　エゴマ
きゅうり　トマト　ゴーヤ
いんげん　おくら　かぼちゃ
新にんにく　とうもろこし
青唐辛子　茂倉うり　ゆうがお

川・湖の幸

アユ　サワガニ　ウナギ

●写真：南部町上佐野の茶畑

南部町の「天然玉露」

格別な香りと風味

香味園の久高栄司さん（57）＝南部町上佐野

南部町は県内最南端の土地で、温暖な気候からお茶の名産地として知られていますが、ＪＲ内船駅から車で30分山道を登った上佐野は別格。知る人ぞ知る「天然玉露の里」です。日本茶の中で最高級とされる玉露は“覆い香”と呼ばれるとろりとした独特の甘味と香りを出すために、開き始めた新芽に黒いシートをかぶせて直射日光を遮って作るのですが、同等の自然条件を持つのがまさに上佐野。高地の谷間ゆえに日照時間が少なく、朝夕は川霧が立ち込め、最高級の味わいを生み出します。摘み採り時期は八十八夜を過ぎてしばらくした頃、「青葉アルコールが香って今だと教えてくれるんだ」と栄司さん。茶の声を常に聞き、最高のお茶を作っています。

新茶

材　料（4杯分）

煎茶７ｇ、沸かしたての湯 200cc程度

作り方

①湯冷ましに沸かしたての湯を注ぎ、茶碗に均等に注いで60℃に冷ます。
②急須に茶葉を入れ、①の湯を手早く注ぎ、ふたをして１～２分蒸らす。
③茶碗に均等に注ぎ切り、色香を楽しみながら味わっていただく。

※煎茶は摘みたての茶葉を蒸して揉み、乾燥させたもの。特に一番摘みの新茶は香りと風味が抜群。
※茶碗に注ぎ入れる際、１煎目はネズミのしっぽのように細く長く、２煎目はウマのしっぽのように太く切りながら、３煎目は再び細く注ぐのが久高流。

冷茶

作り方

多めの茶葉に人数分の氷を入れて自然に溶けるのを待つ。

麦秋の候に粉もの３種

小麦使いに長寿の知恵

小沢福江さん（93）＝甲府市青沼

今では小麦粉を買うのが当たり前の時代ですが、昭和半ばまでは米の裏作として自家栽培が盛んでした。特に山梨では米が貴重品だったので小麦粉（地粉）を使いこなすことで米の食い延ばしにつなげつつ、食卓に彩りを添えました。なすの薄焼き（料理写真右）は、なす以外に季節の野菜や煮豆を入れて一年中楽しめる万能レシピ。枯露柿の天ぷら（料理写真中央）はお姉さんが折々に作ってくれた思い出の一品です。80歳まで住吉病院の看護師さんとして働いていただけあり、今も元気はつらつ。目下の目標は娘さんの和子さんと東京オリンピックを見ることだと声をはずませます。

なすの薄焼き

作り方

①地粉100ｇに水100ccを加えて練り、なす2本と絹さや10枚をせん切りして加える。
②フライパンにサラダ油少量を熱し、①を流して両面をこんがりと焼く。

枯露柿の天ぷら

作り方

地粉50ｇに水75ccを加えて衣を作る。固くなった枯露柿2個を縦4～5等分に切って衣をくぐらせ、180℃の揚げ油で揚げる。

ねじり菓子

作り方

①地粉100ｇに牛乳50ccを加えてなめらかにこね、2㎜の厚さにのばす。3×12㎝の長方形に切り、中央に切り込みを入れて片側をくぐらせて手綱こんにゃく状にねじる。
②180℃の揚げ油でキツネ色になるまで揚げ、好みできな粉砂糖をまぶす。

甲州小梅

梅雨の季節 疲労回復に

長田敏子さん（71・左）と保延清美さん（61）
＝甲斐市亀沢

「甲斐敷島梅の里」で梅のもぎ取り体験をサポートするお二人に梅仕事のコツを習いました。江戸時代後期には世に知られていた甲州小梅は「カリカリ漬け」（料理写真右中）に最適。「5月中旬から下旬のもぎたての青梅を卵の殻を使ってつけることが食感の秘訣」と40年来梅仕事をしてきた敏子さんは話します。清美さんに習ったのは副産物の活用法。梅漬けした際に使った赤じそは土用になったら三日三晩干し、ミキサーにかけ、かつおぶしと白ごまを加えて「ふりかけ」に。残った汁にみょうがを丸ごと漬ければ「赤梅酢漬け」に。梅漬けは大変という方には手間いらずの「梅ジュース」（料理写真奥）はいかが？青梅は水洗いして冷凍し、同量の氷砂糖をのせて自然解凍し、氷砂糖が完全に溶けたらこして出来上がり。冷蔵保存し、好みに薄めて召し上がれ。

甲州小梅のカリカリ漬け

材　料

甲州小梅 2kg、塩 200 g（梅重量の 10%）、卵の殻 15 個分、赤じそ 4 〜 5 束(正味 400 g)、塩 40 g（しそ重量の 10%）、酢 100cc、焼酎 35 度 80cc

作り方

①梅は水洗いしてたっぷりの水に一晩つけてアク抜きし、水気をふいてヘタを除く。

②卵の殻はよく洗って乾かし、ガーゼの袋に入れて粗く砕き、容器の底に入れる。

③梅に塩をもみこんで②に入れ、落としぶたをする。梅と同量の重石をのせて水（= 白梅酢）が上がるまで冷暗所におく。

④赤じそは葉を摘んで洗い、分量の塩をまぶしてもんでアクを出して汁気を捨て、葉を③に加える。酢、焼酎も加えてひと混ぜし、表面にラップをかけ、ふたをして冷蔵保存する。1ヶ月おいて味がなじんだら完成。

らっきょうの甘酢漬け

小さな脇役、食感が魅力

有泉きみ子さん（83）＝富士川町小林

お田植えを済ませてほっとひと息つく季節、6月中旬～7月上旬にかけて畑のらっきょうを収穫し、1年分の甘酢漬けを作ります。生命力が旺盛で収穫後すぐに根が伸びるので、すみやかに下処理して塩漬けするのが鉄則です。「本漬けしたばかりの新漬けは清々しい白さと、はつらつとした食感が魅力だし、半年以上寝かせて次第にあめ色に染まった古漬けも味がなじんで乙なもの」ときみ子さん。料理写真は有泉家の定番朝食。ご夫妻の健康長寿の源にらっきょうは欠かせません。

材　料

らっきょう 正味1kg、塩 70 g、
調味液（酢 270cc、水 130cc、
砂糖 160 ～ 180 g、赤唐辛子 2 ～ 3 本）

作り方

①らっきょうは根と茎をはさみで切り落とし、丁寧に水洗いしてざるに上げ、水気を切る。
②①に塩をまぶして容器に入れ、落としぶたと軽い重石をのせて 10 日間塩漬けする。
③②を水洗いして日陰に 2 ～ 3 時間干して水気を切る。容器も洗って天日干しする。
④調味液を鍋に入れてひと煮立ちさせ、完全に冷めたら③と合わせ、落としぶたと重石をのせて本漬けする。

※冷暗所で保存。20 日～ 1 ヶ月すると食べられる。1 年を目安に食べきる。

食欲そそる青山椒の佃煮

心身整う小粒パワー

梶原澄江さん（75）＝笛吹市御坂町上黒駒

山椒は奈良時代より日本人に親しまれてきたスパイス。しびれるような辛さは食欲を増進し、胃腸の働きを活発にする効果があります。春の若芽（木の芽）から、花山椒、青山椒、秋の実山椒…、木はすりこ木にと役立つばかり。「山椒の雌木が実をつけるのは6月上旬～中旬、収穫目安は青い実が充分にふくらんだ頃。育ちすぎると中の種が熟して黒くなるので、やわらかな内に収穫するのがコツだよ。ミカン科で鋭いトゲがあるから気をつけて」と言いながら慣れた手つきで収穫する澄江さん。この佃煮は家族一同の好物でご主人の善雄さんを筆頭に、嫁いだ4人娘の旦那さんたちからも、無くなるとおかわりの催促が入ります。

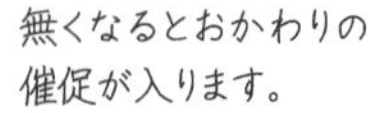

材　料

青山椒の実 50 g（およそ3つかみ）、
ちりめんじゃこ 200 g、
調味料（しょうゆ・酒 各 80cc）

作り方

①青山椒の実は柄を取り除いてさっと水洗いし、布巾などで水気をふきとる。
②厚手の鍋にちりめんじゃこと調味料を入れて全体を混ぜ、ふたをして中火にかける。
③煮立ってきたら弱火にして約 10 分煮て、青山椒の実を加えてひと混ぜし、ふたをしてさらに約 15 分煮て汁気を飛ばして出来上がり。（後半は焦げやすいので時々木べらでかき混ぜて様子を見るとよい。）
④③を熱いうちに清潔な瓶に入れて密閉し、冷暗所または冷蔵庫で保存し、半年を目安に楽しむ。

※佃煮はご飯のお供の他、お酒のあて、冷奴やそうめんの薬味として活用。サラダやパスタなどの洋風料理のアクセントにも工夫できる。

ぬか漬け

愛情込めて手を入れる

青木正子さん（70）＝笛吹市一宮町金沢

「誰もがやっていることで教えることじゃないよ」と謙遜する正子さんですが、漬物愛は年季入り。そもそも彼女の母親はお新香食べたさに田舎に嫁いできたほどの漬物好きで、子どもの頃から正子さんの食卓には常に漬物がありました。一人暮らしになって14年目になりますが、桜の頃から10月末はぬか漬けを3食欠かさず、「古漬けにしょうがを細かく刻んでお茶漬けにすると最高」と目を細めます。塩加減はもっぱら目分量ですが、健康維持を考えて低塩を心がけ、時には旨味を補うためにぬか床に煮干しや昆布を加えています。盛夏はぬか床が傷みやすいので500ccのペットボトルを凍らせてビニール袋に入れ、中央に入れると傷みの心配がないと教えてくれました。

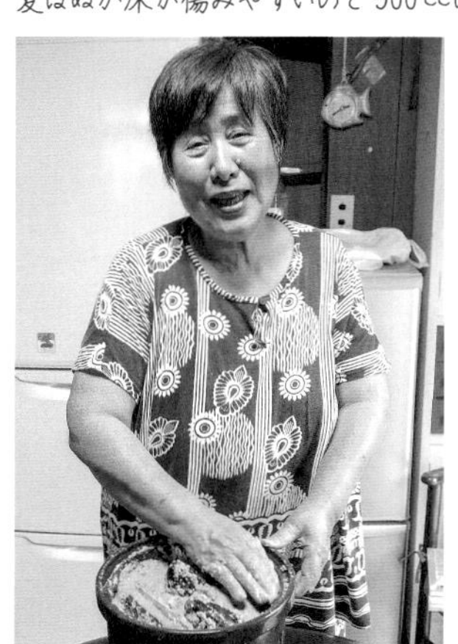

材　料（4.5L 容器）

ぬか床（新鮮な米ぬか 1kg、米のとぎ汁 1L、塩 70 g）、
くず野菜（キャベツの外葉）、好みの野菜

作り方

①米ぬかは大鍋に入れ、木べらで混ぜながら香ばしい香りが出るまで弱火で炒り、冷ます。

②米のとぎ汁と塩を沸騰させ、完全に冷まし、①に加えて全体を混ぜ、ふた付き容器に入れて涼しい場所におく。（可能なら達人のぬか床を分けてもらって加えると味が深まる。）

③②にキャベツの外葉を1～2枚入れて1日漬け、取り出しては全体を混ぜ、新しいキャベツを入れる。3～4日繰り返してぬか臭さがなくなったらぬか床の出来上がり。

④毎朝晩にぬか床をかき混ぜ、好みの野菜を漬けて楽しむ。

※ぬか床の水分が増えたら、炒りぬかと塩を加えて調整する。冬は表面に厚く塩をのせて休ませ、春、再びぬかを足して調整する。

※本レシピはきゅうり3本が漬かる程度の初心者向け。毎日漬けない場合は冷蔵保存可。

大塚の「甘々娘」

かんだ瞬間、広がる甘み

杉山克己さん（44）・成江さん（48）ご夫妻と
お母さんの塩島勝枝さん（74・中央）
＝市川三郷町大塚

「甘々娘」は市川三郷町の特産品のとうもろこし。やや小ぶりで、黄色と白のバイカラーが特徴です。「寒さや暑さに弱く、合った土地でないと上手に育たない気難し屋さん。でもかみしめた瞬間に果物のような甘みが広がり、一度に食べきるのに最適なサイズ。ずんぐりむっくりとした雄花もユーモラスでしょ」と我が子を愛おしむかのごとく絶賛する成江さん。日の出前が最も糖度が高くなるので、3人はこの時期、4時から収穫作業に精を出します。時間と共に糖度が落ちるのですぐさま加熱調理して召し上がれ。ひと皮を残してラップでぴったりとくるみ、電子レンジで3～4分加熱すると手軽に楽しめます。すぐに食べない場合は、加熱した実をそいで冷凍保存しておくと重宝します。

グリルdeヤングコーン

作り方

ヤングコーンは根元の硬い部分と、頭頂を切り落とし、ざっと流水で洗う。グリルで表面の皮が焦げるまで約５分じっくりと蒸し焼きにし、表面の皮をむき、しょうゆを少々たらして絹糸ごといただく。

コーンスープ

作り方

ゆでた甘々娘２本分の実をそぎ、たまねぎの薄切り１個分とオリーブ油少々で炒める。水100㏄と固形スープの素１個を加えて弱火で15分煮てミキサーにかける。牛乳で適宜のばして冷製スープにしていただく。

せいだのたまじ

長寿の里に先人の知恵

ふるさと長寿館の岡嶋夏子さん（64）＝上野原市棡原

棡原は我が県が誇る長寿の里。山間地ゆえ、田んぼは一枚も作れないという厳しい自然環境の中、雑穀や季節の野菜を育て、調理法にも工夫をこらしてきました。麦こうじみそが主流なのも米不足で米こうじが無かったから。先人たちの知恵が偲ばれます。今も大切に受け継がれている料理の代表作が「せいだのたまじ」。普通なら捨ててしまう玉っころのような小粒いもを捨てることなく自家製みそで味付けし、この名品が生まれました。ちなみにせいだはじゃがいものこと。江戸時代、飢饉対策として代官・中井清太夫が山梨に導入したことに因み“せいだいも”の愛称で親しまれています。

材　料

じゃがいも（小）1kg、サラダ油 大さじ2、
煮干し 8本、
調味料（みそ 100 g、砂糖 50 g）

作り方

①じゃがいもは皮ごと丁寧に水洗いし、芽があれば取り除く。
②鍋にサラダ油とじゃがいもを入れ、強めの火加減で全体にツヤが出るまで炒める。
③じゃがいもにひたひたの水を注ぎ、煮干しと調味料も加えて約40分煮る。最初はふたをするが、煮立ったら外し、水分を飛ばすように終始強めの中火で煮る。汁気が1/3になったら火を止め、ふたをして一晩寝かす。
④翌日、約40分中火にかけ、汁気にとろみがついてじゃがいもにからまるように煮詰めたら出来上がり。（仕上がり間近は煮汁が飛び散るので火傷に注意！）

※夏場は赤唐辛子を加えてピリ辛に仕上げると夏バテ防止に最適。

※みそは棡原産のものが相性抜群。（米こうじ3に対し、麦こうじ7以上と麦こうじが多いことが特徴。）

下萩原のさくらんぼ

わずかな旬の赤い宝石

宿沢フルーツ農園の宿沢時枝さん（63・右）・
長田登美子さん（69）＝甲州市塩山下萩原

県内でさくらんぼ発祥の碑が立つ甲州市塩山下萩原。明治40年に菊島謙一翁が福島県の技師を招き入れて栽培を始めたといいます。「大正時代には順調に県下に広がっていったものの戦時中は贅沢品のためにすべて切り倒されてしまったと先代から聞いている」と時枝さん。戦後復活を果たし、生産量は少ないものの味の良さで定評があり、毎年5月末～7月上旬は県内外の観光客がさくらんぼ狩りに訪れます。シロップ漬けと残り汁を寒天で固めた「ブルブル」は登美子さんの思い出の味。「お花見の重箱に、母親が詰めてくれたなぁ」と語ります。はねだしのさくらんぼが手に入ったらぜひジャムに挑戦を。特有の甘酸っぱい香りが魅力で並々ならぬ贅沢気分を味わえます。

さくらんぼのシロップ漬け

作り方

①さくらんぼ 500 gはやさしく水洗いし、ヘタを 2㎝の長さに切り落として瓶に詰める。
②砂糖 100 gを加え、水を 8 分目まで注ぐ。食紅少々を加え、好みの赤色に染める。
③軽くふたをしめ、蒸気のたった蒸し器に入れて約 30 分蒸す。ふたをしっかりとしめて逆さにして冷暗所で保存する。

さくらんぼジャム

作り方

①さくらんぼ 1㎏は洗ってヘタを除き、砂糖 125 gをまぶして鍋に入れて一晩おく。
②中火にかけて煮立ったらアクを取り、ざるに移して種を除き、鍋に戻してとろみがつくまで煮詰め、レモン汁 1 個分を加えてひと煮立ちしたら出来上がり。1ヶ月冷蔵保存可。

※さくらんぼの王様「佐藤錦」や、近年人気の「紅秀峰」などで味比べをすると楽しい。

のっぷいが育む境川のすもも

酸味と甘み 色鮮やかに

春田美子さん（62）＝笛吹市境川町藤垈

「すももは県内の三大果実のひとつ。ここ藤垈は火山灰土が降り積もった肥沃な"のっぷい"（p67参照）の土目だから、味の濃いすももが育ち、知る人ぞ知る隠れ産地なのよ」と美子さん。6月中旬の「大石早生」にはじまり、10月初旬の「ブラックキング」までの11品種を楽しむことが出来ます。今回のレシピは7月上旬～中旬までが旬の「ソルダム」を使用。黄緑色の皮の下は目の覚めるような赤色の果肉で、酸味と甘みのバランスが抜群です。ソルダム酒とジャムを作る場合は皮が赤くなるまで完熟させましょう。ソルダム酒は砂糖なしなのに感動的な奥深さです。なお表面の白い膜はブルームといってすもも特有の天然成分で中身を保護する大切な役割があるので、食べる直前まで洗い流さないことがお約束です。

ソルダム酒

作り方

①ソルダム800 gを水洗いして水気を切って瓶に入れ、焼酎（35度）800ccを注いでふたを閉め、冷暗所で寝かす。

②半年後にソルダムの実を除いて出来上がり。オンザロックやソーダ割りにしていただく。

ソルダムジャム

作り方

①ソルダム1kgと砂糖300 gを鍋に入れて中火にかけ、木べらで実をつぶしながら煮る。途中アクを丁寧に取り除き、火を止めて粗熱を取る。

②種を除いて中火にかけてとろりとするまで約40分かけて煮詰め、クエン酸小さじ1/2を加える。熱いうちに瓶に詰めて冷ます。1ヶ月冷蔵保存可。

※品種はソルダム以外に、8月中旬に出回る太陽も味が濃いのでおすすめ。

山開きに新じゃがとひじきの煮物

富士登山 安全願う一品

小澤恵美子さん（68）＝富士吉田市上吉田

400年以上の歴史を持つ御師の家「筒屋」を営む恵美子さんに富士山のお山開きに欠かせない伝統料理を教えていただきました。お山開きは毎年7月1日。前日には北口本宮冨士浅間神社で前夜祭、当日には開山祭が厳かに行われます。神饌に海の幸ひじきと、山の幸じゃがいもを供えて安全祈願し、お下がりで「新じゃがとひじきの煮物」を炊いていただくのが習わし。取材当日は、富士山が世界遺産に登録された記念日に重なり、恵美子さんの特別な思いが込もった一品となりました。

材　料

新じゃがいも 大5個、芽ひじき（乾）80g、焼ちくわ 2本、油揚げ 1枚、にんじん 1本、サラダ油 大さじ1、
調味料（酒 100cc、みりん 80cc、砂糖 80g、しょうゆ 80cc）、塩 ひとつまみ、
うま味調味料 少々

作り方

①ひじきはさっと水洗いしてたっぷりのぬるま湯につけて約30分おき、水気を切る。戻し汁150ccは取り分けておく。
②じゃがいもは皮をむいてひと口大に切って5分水にさらし、水気を切る。焼ちくわは縦半分に切って斜め切り、油揚げは縦半分に切って細切り、にんじんはせん切りにする。
③鍋にサラダ油を熱し、ひじきをツヤが出るまで炒め、②の材料も順に加えてざっくりと炒める。
④①の戻し汁、水150cc、調味料を加えて強火で5分煮て、塩、うま味調味料も加え、ふたをして30分煮る。じゃがいもが柔らかくなったらふたをはずして水分を飛ばすように煮て出来上がり。

富士なす

とろける食感、熱々を

瀧口大祐さん（67）＝都留市法能

「富士山麓の恵みを受けて育つ富士山やさいの新顔“富士なす”は、それはびっくりの富士山型の青なすだよ」と情報をいただき、大祐さんの畑を訪ねました。代々譲り受けた土地を早朝から晩まで熱心に耕し、京野菜や鎌倉野菜に負けない「富士山やさい」を作り、その普及に努めています。なすといえば紫紺色の実で花は薄紫色をした中長なすが一般的ですが、富士なすは淡い緑色をした巾着型。花は純白。なすの原種に近く、枝やヘタには鋭いトゲを持ちます。「仕立てが難しく、普通のなすのようには簡単にいかないけど、気候条件が合えば、1本の木からソフトボール大のものが70個も収穫できるよ」と楽しそうに話します。加熱調理をするとトロトロの食感が味わえることから、別名とろなす。収穫期は7月中旬～10月末。

富士なすのおいしい食べ方

●蒸しなす

なすはひと口大に切り、セイロに入れて約10分蒸す。熱々または冷やして、しょうがじょうゆ、辛子じょうゆ、塩とオリーブオイルなどをお好みでかけていただく。

※かぼちゃ、いんげん、プチトマトなどを加えて「富士山やさいのセイロ蒸し」にすると宝石箱のよう。

●焼きなす

なすを1㎝の幅に切り、表面に格子状の切り込みを入れ、多めのサラダ油で両面をじっくりと焼く。熱々にしょうゆやポン酢、甘みそなどをかけていただく。

※くせのない味なので、和洋中のどんな加熱調理にも対応可。ソフトボール大の300ｇ程度の大きさから700ｇを超える特大まで各種あるので、用途に合わせて選ぶ。新鮮で若い場合は皮ごと使用可。

※ヘタの部分には鋭いトゲがあるので、扱いに注意。

新にんにく

スタミナ食で暑気払い

高添玲子さん（71）＝韮崎市中田町中条

晴れた日はもも農家、雨の日は洋裁の先生として大活躍の玲子さん。疲れ知らずのその訳は毎日の黒にんにくにあり。お店で買うと高価ですが、知人から譲り受けたレシピは意外に簡単。「生にんにくを高温・多湿の炊飯器に長時間置くことで酵素が働き、最終的には真っ黒に熟成して栄養価が高まり、にんにく臭が飛んでまるでプルーン」と話します。晩秋に青森産にんにくを3㎏仕入れて植えつけると、翌年家族4人分の黒にんにくがまかなえます。「にんにくの甘露煮」（料理写真奥）は体の弱かった父親のために、母親が毎年作っていた暑気払いの一品。煮汁を氷水で割っていただくと身体がしゃきんと蘇ります。料理写真右はにんにくを皮ごと揚げた「ばくだん」。

黒にんにく

作り方

①皮つきにんにく約25球の汚れをふいて丸ごと炊飯器に重ね入れ、およそ2週間保温を続ける。

②ざるに並べて風通しの良い場所で約1週間干し、余分な水分を飛ばして完成。空き箱などに入れて風通しの良い場所で保存する。

※初夏の新にんにくは水分が多いので、炊飯器の底に網をひくと良い。熟成具合、乾燥具合はにんにくの様子を見ながら加減する。

※保温最中は強烈な臭気が漂うので、専用炊飯器にほこりよけの段ボールをかぶせ、戸外の軒下で行うと良い。

にんにくの甘露煮

作り方

にんにく200ｇはやわらかくゆで、みりん200cc、ざらめ100ｇを加えて水分が煮詰まるまで弱火で煮る。最後にはちみつを適量加えて照りと旨味を出し、出来上がり。

田舎おこわ

口中ではじける夏の味覚

功刀あや子さん（65）＝韮崎市穴山町

もも農家のあや子さんの朝は4時起き。多忙を極める中でしたが、不思議な巡り合わせを感じてお義母さま直伝の「田舎おこわ」を伝授してくれました。嫁いだ功刀家はもも、りんご、米農家で1年中フル稼働。「人寄せが大好きな義母で、料理がおいしい上にいつも手早くてね。本当にたくさんのことを教わった」と話します。

田舎おこわは彩りが良く、口の中で夏の味覚がはじけるおいしさはやみつき級。家族をはじめ、親戚や友人からも折々にリクエストがかかるので、いつでも応じられるようにと夏の間、畑で収穫した枝豆、とうもろこしを小分けにして冷凍保存しています。

材　料

もち米1升（1.5kg）、枝豆・とうもろこし各正味200ｇ、
塩 適宜、わかめご飯の素 約30ｇ

作り方

①もち米はやさしく洗い、たっぷりの水につけて一晩おく。
②枝豆は沸騰した湯に塩適宜を入れて適度な歯ごたえを残してゆでる。ざるに上げて塩をふって冷まし、サヤから豆を取り出す。
③とうもろこしは皮をむいて水から食感を残してかためにゆで、ざるに上げて冷めたら包丁で実をそぐ。
④もち米をざるに上げて水気を切り、蒸気のあがった蒸し器にセットして強火で約40分蒸す。
⑤甘い匂いがしてきたら、菜箸を数か所さして水の通り道を作り、約500ccの差し水を全体に打ち、さらに10分蒸す。
⑥⑤を飯台に移し②、③、わかめご飯の素を加えて全体を混ぜ合わせて出来上がり。

ルビー色のしそジュース

夏謳歌する元気の秘訣

石原悦子さん（71）＝中央市今福新田

しそは殺菌力の高さで知られていますが、大昔、中国でしその名が誕生したエピソードをご存じでしょうか。一説には、若者がカニの食べ過ぎで食中毒を起こして生死をさまよっていた際、名医が薬草を煎じて紫の汁を飲ませたところ、見る見るうちに生気を蘇らせたことから、その葉を“紫蘇”と名付けたのだそう。ほれぼれとするほど身のこなしが軽やかな悦子さん。これは毎夏、農作業の合間にご夫妻で愛飲しているしそジュースのおかげかもしれません。赤じその旬は6～7月、中でも香り高いちりめんしそで作ります。青じそは9月中旬まで。こちらはシャープな香りが魅力です。

材　料

赤じその葉 150 g、水 900cc、氷砂糖 350 g、クエン酸 大さじ 1/2（7.5 g）

作り方

①赤じその葉はていねいに水洗いして泥を落とし、ざるに上げる。
②鍋に赤じその葉、水、氷砂糖を入れて中火にかけ、20 分間煮出してしそエキスを作る。
③赤じその葉をざるに取り出して粗熱を除き、布巾に包んでしそエキスをしっかりと絞り出す。
④しそエキスが熱いうちにクエン酸を加えて余熱で溶かし、布巾でこす。
⑤しそエキスが冷めたら瓶に入れる。（冷蔵庫で１～２ヶ月保存可能。）

※赤じそは青じそでも代用可。

※しそジュースは２～３倍量の水や炭酸水で割る他、ゼリーにもおすすめ。シロップとしてヨーグルトにかけても美味しい。青じその焼酎割りもこなもの。

もものシロップ漬け

山梨ならではの贅沢

河西時子さん（69）＝南アルプス市在家塚

ご主人と9品種のももを栽培している時子さんに、「山梨が誇る自慢のシロップ漬け」を伝授してもらいました。ももは大変繊細なので、優しくかつ迅速に作業を進めることが肝心。最大のポイントは硬いももを入手すること。爪を当てると張り返すくらいの若さがあって、皮むき器で皮がむければ完璧です。ひと手間かければ1年中楽しめるので、時子さんは7月下旬から8月にかけて50瓶は仕込んで保冷庫にストックしています。ももの品種はお好みですが、時子さんの一押しは南アルプス市特産の「長沢白鳳」。「冬のこたつで食べるのが最高だよ。シロップは氷水で割って飲んでね」と満面の笑みで語ります。

材　料（450cc保存瓶４本分）

硬いもも４個（350～400ｇ／個）、
上白糖65ｇ×４、2％の食塩水2L

下準備（保存瓶の殺菌）

保存瓶とふたは水から火にかけ、沸騰後30分間加熱した後、水気を切って冷めるまでおく。

作り方

①ももは皮むき器で皮をむき、種をよけながら８～10等分のくし形に切って食塩水に５分つける。沸騰したお湯で１分ゆで、流水につけて急冷し、ざるに上げる。
②各瓶に上白糖65gと水大さじ２を入れ、軽くゆすり、ももを均等に詰めて瓶の肩の部分まで水を注いでふたを軽くしめる。
③鍋に瓶を並べ、瓶の８分目まで水を注いで強火にかけ、沸騰後30分間中火で加熱する。
④瓶を取り出してふたをしっかりと閉めて冷ます。１ヶ月以上おき、冷蔵庫で冷やしていただく。（冷暗所で１年間保存可能。）

※高温調理となるので火傷に注意。軍手にゴム手袋を重ねて作業すると安心。

忍野のきゅうりの押し漬けとごま団子

食感楽しめる名コンビ

堀内和子さん（71）＝忍野村内野

「朝日を浴びる富士山を愛でながら早朝に畑仕事をするのが楽しみ」と話す和子さん。きゅうりの押し漬けは地元では定番品で、この冷涼な土地ならではの名品です。塩は目分量、長年の感覚でぴたりと味が決まります。押し漬けは塩出しした後、キュウちゃん漬けの調味液（p57参照）を注いで２～３日漬けていただくのも美味。「ごま団子」は自家製のもち米粉を使った和子さんの自慢のレシピ。いつでもごま団子が作れるようにあんこは15gに丸めて冷凍保存しています。

きゅうりの押し漬け

作り方

きゅうり10kgに約1.5kgの塩をまぶし、きゅうりの1.5倍の重しをのせ水が上がるまで下漬けする。２ヶ月後、きゅうりを水洗いし、同様の塩をふって赤唐辛子（小口切り）を適宜加えて重石をのせ、本漬けする。２ヶ月以後塩出しして小口切りし、刻みしょうがを加えていただく。

※下漬け、本漬け共にきゅうりから水気が出たら小まめにポンプで取り除いてパリパリの食感に仕上げる。

ごま団子（22個分）

材　料

生地（もち米粉 300ｇ、砂糖 大さじ2）、
あんこ 330ｇ、白ごま・黒ごま 各適宜、
揚げ油 適宜

作り方

生地の材料に水180～200ccを加えて練り生地を作り、等分してあんこを包む。ごまをまぶして170℃の揚げ油で約２分揚げる。

※あんこは小豆1升（約1.5kg）に砂糖700ｇ、塩大さじ1の配合で炊き、仕上げに市販のさらしあん（粉末）を加えて固さを調節したもの。

ゴーヤの砂糖菓子

後引く苦みで体癒す

中嶋勝代さん（69）＝韮崎市中田町

真夏の太陽の日差しを受け、1つの種から30～40個の実をつける「夏野菜の王様ゴーヤ」。毎晩のゴーヤチャンプルーにはじまり、佃煮、すりおろしてジュース、乾燥させてお茶に…と、お孫さんの莉々夏ちゃんと迎えてくれた勝代さんは毎日工夫をこらして食卓に欠かすことがありません。そして十八番の「砂糖菓子」は、甘みとほろ苦さが絶妙にマッチしたお茶うけ。毎年作っては友人、知人におすそ分けしてそのファンを増やしています。

材　料

ゴーヤ　1本（250ｇ）、砂糖 125ｇ、
水 100cc、酢 少々

作り方

①ゴーヤは水洗いし、3等分して種を取り出し、5㎜の厚さの輪切りにして約30分水にさらしてざるに上げる。（ゴーヤ好きなら水さらしは不要。）
②フライパンに砂糖100ｇ、水、ゴーヤを入れて中火にかけ、時々木べらで混ぜながら煮る。
③水分が飛び、泡が小さくなったら火を弱め、たえず混ぜながらゴーヤ全体に砂糖を絡め、酢を1～2滴ふりかけて火を止める。
④保存袋に③を入れ、砂糖25ｇを全体にまぶし、キッチンペーパーの上に取り出して並べ、完全に冷めたら出来上がり。

※保存袋に入れ、冷蔵庫で3ヶ月保存可能。

茂倉うりの冷汁とおばく

心地よい食感、夏バテに

深沢礼子さん（65・左後）と茂倉のおじょうもんたち
＝早川町新倉茂倉

生粋の茂倉のおじょうもん（お嬢さん）たちが「心の栄養食」と愛して止まぬ冷汁とおばく。濃いめの煮干しだしと、たっぷりのすりエゴマが絶妙の旨味を生み出し、今も昔も夏の畑仕事後の定番メニューです。冷汁に欠かせない茂倉うりは当地区で明治時代より大切に種を守ってきた伝統野菜。ずんぐりむっくりとした姿が特徴で、みずみずしさと爽やかな香気が特徴です。交配しやすいので、近くにきゅうりもゴーヤも植えません。おばくはお麦飯のこと。丸麦を時間をかけて粥状に煮たもので昭和30年代前半まで当地の主食でした。おばくに冷汁をかけるとつるんとしたのど越しが心地よく、夏バテした身体にしみとおります。

冷　汁

材　料

茂倉うり 1本、煮干し 15本、みそ 適宜、
薬味（エゴマ・細ねぎ・青じそ・みょうが 各適宜）

作り方

①煮干しに熱湯600ccを注ぎ、一晩冷蔵庫で寝かせて濃いめのだしをとる。茂倉うりは皮をむき、スライサーでせん切りにする。
②お椀に茂倉うり、みそ、薬味を入れ、だしを注ぎ、氷を浮かべていただく。

おばく

材　料

丸麦 5合、白米 0.5合、ゆで小豆、
ねぎみそ（みそ・かつおぶし・細ねぎ 各適宜）

作り方

①丸麦は洗ってたっぷりの水を注ぎ、柔らかくなるまでゆで、水洗いしてぬめりを除く。
②白米とゆで小豆を加えてさらにたっぷりの水を加えて粥状に炊く。
③ねぎみその材料を合わせ、添えていただく。

しそみそ

夏に重宝 一瓶の保存食

本橋恭子さん（67）＝北杜市須玉町上津金

「一瓶に150枚ものしそがギュッと詰まっているのよ」と恭子さん。白いご飯、冷奴、焼きなす、そうめんやそばの薬味…と使い道多数。このしそみそを作りたくて、畑の一角はしそ専用になっています。しそは若過ぎても、育ち過ぎても良くなくて、ちょうど8月上旬の出盛りが作り時。写真の山盛りのしそでおよそ6瓶分が仕上がります。赤唐辛子はもちろん、みそも大豆から手作りした手前みそ。恭子さんの愛情がたっぷり詰まっています。

材　料（長期保存用150cc瓶1本分）

青じそ 100 ～ 150 枚（約 100 g）、
サラダ油 小さじ1強、赤唐辛子（小口切り）2 本分、
かつおぶし 1 パック、
調味料（みそ 80 g、砂糖 50 g、酒 大さじ 2）

※赤唐辛子の代わりに旬の青唐辛子で作っても美味。しそは赤じそでも代用可。

作り方

①しそは丁寧に水洗いして汚れを落とし、水気を切って包丁でせん切り、または手でちぎる。
②鍋に赤唐辛子とサラダ油を入れて中火で温め、かつおぶしも加えて香りが立ったらしそを加えてしんなりするまで炒める。
③調味料を加えて全体を混ぜ、ツヤが出るまで煮詰める。お好みでごまやゴマ油（分量外）で風味づけして冷蔵保存する。

※長期保存の場合は、③を熱いうちに煮沸消毒した瓶に詰めてふたを軽くしめ、蒸気のたった蒸し器で30分加熱し、ふたをしっかりとしめる。完全に冷めたら完成。密閉状態なら1年間常温保存可。開封後は冷蔵保存し、新鮮なうちに食べる。

笹子のあげうどん（おざら）

山に伝わる夏のもてなし

天野ふじゑさん（81）＝大月市笹子町

笹子追分に300年以上続く「追分の人形芝居」の5代目座長のお母様でもあるふじゑさん。田舎ならではのもてなしで、あげうどんやそば打ちはお手の物。地粉1kgを涼しい顔でこね、年季が入って黒光りする家庭用製麺機を軽やかに回し、製麺所さながらの麺をものの30分で仕上げてしまいました。麺の目安は1人当たり粉100gに対し、ぬるま湯半分弱と覚えておくと良いでしょう。本レシピは硬めの生地なので製麺時に打ち粉は一切不要。ゆでたてあげうどんは生じょうゆ、花がつおでいただいても至極美味。

材　料（およそ4人分）

あげうどん（地粉400g、ぬるま湯200cc弱）
野菜汁（かつおだし　1L、ごぼう・にんじん　各80g、しいたけ　4枚、しめじ　1/2パック、なす　小1本、油揚げ　1/2枚）、
調味料（しょうゆ　120cc、酒　60cc）、
薬味（しそ、細ねぎ、山椒葉の佃煮など）

作り方

①野菜汁の具材は4～5cmにせん切りし、硬いものから順にかつおだしで煮て、調味料で味を調える。

②ボウルに地粉を入れ、ぬるま湯を加減しながら加えてひとまとまりになるまで素早く混ぜ、なめらかになるまでこねる。

③生地を、家庭用製麺機で約2mmの厚さ×30cmの長さにのばし、約5mmの幅にカットする。

④大鍋に6割程度の湯を沸かし、強火で③をゆでる。途中噴き立ってきたら2～3回差し水をしながら5～6分ゆで、冷水にとって急冷し、ざるに上げる。

⑤野菜汁につけ、薬味を添えていただく。

小豆ぼうとう

優しい甘みでサラサラ

末木和美さん（78・右）・弓田仁美さん（42）親子
＝甲斐市吉沢

「小豆ぼうとう」は山梨の代表的な郷土食のひとつ。和美さんは本物にこだわり、地粉も自家製。「ほうとう生地が余るようなら、煮込まずに油で揚げて砂糖をまぶしてかりんとうに。もしも汁粉が余ったら翌日水加減し、すいとん生地を落としてお汁粉風に食べるといいよ」と無駄なく食べきるコツもアドバイスしてくれました。料理写真右奥に添えたのは「さつまいもの茎のきんぴら」。さつまいもの茎は、やわらかな部分を5㎝の長さに切りそろえ、少量のサラダ油で炒め、しょうゆとみりん、ゴマ油各適宜できんぴら風に味付けしたもの。さつまいもの青みと、ほのかな甘みが楽しめる懐かしの一品です。

材　料（およそ12杯分）

汁粉(小豆300ｇ、砂糖500ｇ、塩ふたつまみ)、ほうとう生地（地粉 500ｇ、塩 ひとつまみ、水 240cc程度）

作り方

Ⅰ．汁粉を作る。

①小豆は水洗いして鍋に入れ、たっぷりの水を加えて強火でゆで、沸騰したらざるに上げて渋抜きする。

②①を鍋に戻して再びたっぷりの水を注いで強火でゆで、沸騰したら豆が踊らない程度の弱火でやわらかくなるまでゆでる。

③水を約2L 加えて濃度を整え、砂糖と塩で調え、火を止めて味をなじませる。

Ⅱ．ほうとう生地を作る

① p48の②を参照してほうとう生地をこねる。濡れ布巾をかけて10分ねかす。

②①の生地に打ち粉をふりながら麺棒で1.5㎜の厚さにのばし、1㎝の幅に切る。

③汁粉を温め、②の麺を加えてひと煮立ちさせ、約5分蒸らしたらお椀に盛って出来上がり。

ゆうがおと豚バラ肉の煮物

富士北麓のおふくろの味

槙屋征子さん（70）＝山中湖村

ゆうがおはうりの一種で、富士北麓の晩夏の風物詩。「1本が5kg前後だけど、独特のつるんとした口当たりが魅力で、みそ汁に入れたり、煮物にしたり、炒め物にすればあっという間に食べきれるよ」と教えてくれました。出始めの8月上旬は薄黄緑の色をいかして薄く皮をむくときれいですが、お盆を過ぎると硬くなるので厚くむくのが鉄則。半分に切ると真っ白なワタがあらわれ、通常は捨てるのですが、征子さんはとろんとしたのど越しが良いことから、丁寧に種だけ取り除いて大切に調理します。

材　料（およそ4人分）

ゆうがお 正味600 g、
豚バラ肉（しゃぶしゃぶ用薄切り）120 g、
サラダ油 大さじ 1/2、
調味料（砂糖 大さじ 5、酒・しょうゆ 各大さじ 2、顆粒だし 小さじ 1/2、うま味調味料 少々）

作り方

①ゆうがおは5cmの筒状に切って皮をむき、半分に切って種を取り除き、約8mmの幅のいちょう切りにする。豚肉は5cmの幅に切る。
②鍋にサラダ油を熱し、中火で豚肉を炒め、色が変わり始めたらゆうがおを加えて表面にツヤが出るまで軽く炒め合わせる。
③調味料を順に加え、ふたをして3～4分煮て、ゆうがおが透き通ったら火を止め、しばらくおいて味をなじませる。
④食べる前に温め直して出来上がり。

季節野菜のカレーすいとん

物生かしきる災害食

「夢実現ひろば」の皆さん＝都留市谷村

定期的に集い、健康と安全のまちづくりを目的に活動しています。東日本大震災後は災害食も大きなテーマとなりました。そんな中、カレーすいとんは皆さんの一押しメニュー。非常時に備えて平素から作っています。ご飯を炊く手間要らずで子どもから大人まで人気のカレーが楽しめます。「大量に炊き出しする場合、火通りを良くするためにすいとんは別鍋でゆでると良いよ」と教えてくれました。

材　料（8人分）

ツナ缶（まぐろ油漬け）中1缶、
季節野菜（ゆうがお 600 g、なす 2 本、
たまねぎ・じゃがいも 各2個、にんじん 1 本、
しめじ 1パック）、カレールー 1 箱、
すいとん生地（地粉 800 g、塩 4 つまみ、水 500cc弱）、
塩・しょうゆ 各適宜

作り方

①野菜はひと口大に切って大きめの鍋に入れる。丼 8 杯分の水を注いで強火にかけ、野菜がやわらかくなるまで約 15 分煮る。
②ボウルに地粉を入れて塩を加えてひと混ぜし、水を少しずつ加えてこね、耳たぶよりやわらかめのすいとん生地を作る。
③水でぬらしたスプーンまたは手で②の生地をひと口大にすくい取り、①に入れ、浮き上がって透明感が出てくるまで煮る。
④ツナ缶を油ごと加え、カレールーも割り入れて弱火で煮溶かす。好みで塩・しょうゆで味を調えて出来上がり。

※汁気のとろみが足りなければ、一旦火を止め、片栗粉小さじ1～大さじ1を同量の水で溶いて加え、再度ひと煮立ちさせて調整する。

大泉の高原野菜

寒暖差が甘み引き出す

農作物直売所パノラマ市場「おばちゃんの会」
代表の保井泰子さん（69・左）と
野菜栽培者の山田練子さん（74）＝北杜市大泉町

標高1200ｍの大泉では、朝夕の寒暖差によって生まれる夜露が水代わりとなり、味が濃く身はやわらかな高原野菜が楽しめます。青トマトのピクルスは10月中旬以降の泰子さんの始末の料理。熟すことのない青トマトがすてきなピクルスに大変身します。料理写真右はズッキーニの辛子漬け（下）とみそ漬け。辛子漬けは粉辛子と甘酢しょうゆを適宜合わせてズッキーニを漬け込んだ即席漬け。みそ漬けはみそ5：みりん1の割合のみそ床に3時間～一晩つけたもの。和風のズッキーニの漬物も乙なものです。

青トマトのピクルス

材　料

野菜（青トマト 中10個、だいこん 1/2本、にんじん 3本、たまねぎ 3個、セロリ 5本）、
塩 野菜重量の3%、
ピクルス液（酢 500cc、砂糖 600 g、
カレー粉 大さじ2、ローリエ 5～6枚）

作り方

①青トマトはヘタを除き、5㎜の幅の半月切り、その他の野菜はひと口大の薄切りにして重量を量る。塩をまぶし、重石をのせて水があがるまで数時間おく。
②ピクルス液はひと煮立ちさせて冷ます。
③①の水気をしっかりと切り、②を注いで軽く重石をのせて冷蔵庫または冷暗所で保存する。2～3日以降、味が馴染んだら完成。

※ピクルスを大量に作って長期保存する場合、野菜類が絶えずピクルス液に漬かっているように重石を調節する。

秋

野山の幸

きのこ　サンザシ　りんご
百目柿　ハチミツ
くるみ　くり　むかご　いちじく
ぎんなん　こんにゃくいも

畑の幸

新米　新そば　甲州もろこし
大塚ごぼう　まこもだけ
浅尾だいこん　はやとうり
八幡いも　大石いも　さつまいも
ずいき　小豆　大豆　花豆
らっかせい　ごま　ツボ

●写真：早川町西山の紅葉の山

芦安名物 みそ漬け

青唐辛子の辛味が刺激的

森本光江さん（73・右）・伊井弘子さん（80）
＝南アルプス市芦安芦倉

芦安名物のみそ漬けは、ちまたにあるみそ漬けとは一線を画し、刺激的でスパイシー。見た目は大変地味ですが、十種類以上の野菜が混然一体となって発酵臭を醸し出し、辛味が脳天まで突き上げます。「今は作る人が減って近所では私たち２人だけになってしまい、励まし合いながら作り続けているの」と口をそろえます。

みそ漬け

材　料

好みの野菜（青唐辛子と葉、青じそ、穂じそ、きゅうり、白うり、みょうが、しょうが、きくいも、はやとうり、ごぼうなど）約 10kg、
塩 野菜重量の約 8％、みそ 約 20kg

作り方

野菜は水洗いしてざっくりと水気を切って塩をまぶし、野菜と同量の重しをのせて約２ヶ月間塩漬けする。取り出して水につけて程よく塩気を抜き、しっかりと水気を切って細かく刻む。さらしの袋に入れ、たっぷりのみそに漬け込み、冷暗所で保存する。（1 ～ 2 ヶ月以降から食べられる。1 年間保存可能。）

※光江さんの味（料理写真右）を基準とするなら、弘子さんのみそ漬け（同左）は青唐辛子をふんだんに加え、数倍の辛さ。細かく切っただし昆布と、にんじんが入るのが特徴。

白うりの粕漬け

庶民に広がる奈良の味

青山もと子さん（75）＝笛吹市石和町四日市場

いにしえの奈良の都で生まれた「粕漬け」。かつては貴族しか口にすることが出来ない高級品でしたが、江戸時代に「奈良漬」と命名されてからは各地に広がり、庶民にも親しまれるようになりました。「山梨に名手がいるよ」と情報をいただき、もと子さんを訪ねました。実は大変な下戸で2、3枚の粕漬けを食べただけで酔ってしまうほど。でもそのおいしさを知っているので、粕漬け専用種「桂大白瓜」を育て毎年12桶も仕込んで秋のお遣い物にしています。残った粕床には好みで砂糖を加え、縦半分に切ったたくあん漬けを約10日間漬け込んで再利用しています。

材　料

白うり 8kg、塩 800 g（白うり重量の 10%）、
粕床（酒粕 4kg、砂糖 2.5kg、
ホワイトリカー 35 度 200cc）

作り方

①白うりは水洗いし、縦半分に切ってスプーンで種をこそげ取る。桶の底に塩をまき、切り口を上にして並べ塩をふり、互い違いに重ねていく。内ぶた、ビニール袋をのせ、およそ同量の重石をのせて三日三晩漬ける。

②4日目の朝にざるに上げ、切り口を上にして約30分おいて水気を切り、さらにクッキングペーパーで水分をふき取る。長い白うりは半分に切る。

③粕床の材料を混ぜ合わせる。桶の底に粕床をしき、白うりの腹の部分に粕床をぬり、切り口を下にして互い違いに詰めていく。最後に残った粕床を重石代わりにまんべんなく詰め、ビニール袋でふたをする。冷暗所において１ヶ月以上漬け込んで出来上がり。粕床をぬぐい、好みに切っていただく。

※１年を目安に食べきる。

青ずいき

独特の食感を楽しんで

笠井一二三さん（75）＝早川町京ヶ島

里いもはいもを食べる品種と茎を食べる品種に大別され、食用できる茎部分を「ずいき」と呼びます。とうのいもの「赤ずいき」を乾燥させた「いもがら」は太巻き寿司の芯として、ご年配の方にとってはおなじみの食材ではないでしょうか？一二三さんの育てているのは少々珍しいはすいもの茎「青ずいき」。畑の一角に豊かに生い茂り、7～11月の霜の降りる直前まで食卓を賑わせます。収穫後皮をむき、ひと口大に切って鮮やかな緑色になるまでゆでてアク抜きすれば下処理完了。シャキシャキとした食感が神髄で、スポンジ状の茎がどんな味にも染まります。

ずいきと油揚げの煮物

作り方

①油揚げ4枚はひと口大に切って、水からゆでて油抜きする。
②下処理したずいき2本分はサラダ油大さじ2で炒め、①を加え、砂糖・みりん各大さじ2、しょうゆ大さじ1、顆粒だし小さじ2で調味し、味がしみるまで約5分煮て出来上がり。

三杯酢和え

作り方

①酢50cc、砂糖大さじ5、しょうゆ小さじ1、うま味調味料少々を合わせてひと煮立ちさせ、冷まして三杯酢を作る。
②下処理したずいき1.5本分を三杯酢に漬けこみ、味がなじむまで冷蔵庫におく。半日後から食べられるが、3日以上おくと味がしみて美味。1週間を目安に食べる。

いちじくときゅうりの保存食

秋のはしりと夏の名残

伊藤美恵子さん（71）＝北杜市白州町白須

いちじく好きの美恵子さんは庭や畑で6本を育て、9月下旬から10月半ばにかけて約100瓶のジャムを仕込みます。強火で短時間に仕上げるのでとってもジューシー。隠し味の塩とみりんがポイントです。キュウちゃん漬けは数年前に甥っ子から教わりました。繰り返し作って今では美恵子さんの自慢のレシピとなっています。

いちじくジャム

材　料（中瓶2本分）

いちじく 1kg、
砂糖 300 g（いちじく重量の約30%）、
みりん 60cc、レモン汁1個分、塩 小さじ1/2

作り方

①いちじくは優しく水洗いし、軸を取り除く。1/4量は皮ごと1㎝角に切り、残りはミキサーにかけて全部を鍋に入れる。強めの中火にかけ、時々木べらで混ぜながらとろみがつくまで20分煮る。火を弱めて砂糖を加え、とろみが増してツヤが出るまで10分煮る。

②みりんを加えてひと煮立ちさせ、レモンを加えてひと混ぜし、塩を加えて味をひきしめる。

きゅうりのキュウちゃん漬け

材　料

きゅうり4～5本、しょうが1かけ、
調味液（しょうゆ 150cc、みりん 70cc、酢大さじ2、顆粒だし 少々、早煮昆布・赤唐辛子の小口切り 各適宜）

作り方

きゅうりは丸ごと沸騰した湯に入れてひと煮たちさせ、適宜切る。
以下はやとうりの佃煮（p69）を参照。

昔ながらのおはぎ

お彼岸に感謝を込めて

有賀一江さん（83）＝昭和町押越

春彼岸には牡丹に見立てた「ぼたもち」、秋彼岸には萩の花に見立てた「おはぎ」を仏様に供えるのが江戸時代からの習わしです。素朴な和菓子ながら実は奥深く、もち米とうるち米の配合、つき加減、つけ粉など…。各家庭さまざまです。半世紀以上、砂糖以外全て栽培してきた一江さんのおはぎは、小豆とごまの２種。小豆は大納言。小豆の一種で、5.5㎜以上の大粒のもので皮が破れにくく味の良さが特徴です。一升瓶で保存すると虫がつきません。きな粉なしの理由は「子どもの頃、さんざんきな粉むすびを食べたから省略」とのこと。

材　料

うるち米・もち米 各１カップ、
小豆（大納言）250ｇ、砂糖 400ｇ、
白すりごま・砂糖 各適宜

作り方

①小豆は洗って３倍量の水につけて一晩おき、強火で沸騰させ、ざるに上げる。
②再び３倍量の水を加えて弱〜中火でやわらかくなるまでゆでてざるに上げる。（豆が水から顔を出さぬよう適宜差し水をする。）
③豆をすりこ木でつき、砂糖全量を加えてツヤが出るまで混ぜながら中火で煮ればつぶしあんの完成。そのまま冷ます。
④米類は洗い、通常より少な目に水加減して１時間おき、普通に炊く。（水は米に対して１割増しが目安。）
⑤手水をつけながら④のご飯を俵型ににぎる。

●**つぶしあん**

ご飯 30ｇ大をあん 40ｇで包む。

●**白ごま**

白すりごま・砂糖をほぼ同量混ぜ、ご飯 50ｇ大にたっぷりとまぶす。

大福

手作り極めるおいしさ

小田切末子さん（78）＝甲斐市下福沢

お盆と暮れには、先祖代々伝わる石臼で餅つきをするのが小田切家の恒例です。「いつも切れ端が出るので何か作れないものかしら」と思案しており、ある時あんこを包んでみたら上出来の大福に。以降半世紀、オリジナル大福を作っています。「おいしさを極めるなら人の物を借りちゃ駄目だよね」と言いながら、小豆も自家栽培。多めに炊いて、いつも冷凍庫に保存し、大福の他、あんみつなどに活用しています。「お母ちゃん、やっぱり家のあんこはおいしいね」としみじみ娘さんが言うお味です。

材　料（11個分）

餅 500ｇ、特製あんこ 330ｇ、片栗粉 適宜

作り方

①餅は蒸気の上がった蒸し器で約５分蒸し、ボウルに移し、すりこ木でなめらかにつく。
②粗熱が取れたら、手水をつけながら手早く等分し、中央に30ｇ大のあんこを包んでとじ目を下にして片栗粉をまぶしながら形を整える。
③冷えたらラップに包み、当日中にいただく。

特製あんこ

材　料

小豆（大納言）500ｇ、重曹 小さじ２、
砂糖 500ｇ、塩 小さじ２

作り方

①鍋にたっぷりの熱湯を沸かして重曹を入れ、水洗いした小豆を加えて一晩おく。翌日弱火にかけ、沸騰したらアクを取り除き、豆がやわらかくなったらざるに上げる。
②たっぷりの水を加えて豆が指でつぶせるようになるまで煮る。水気を切り、砂糖と塩を加えてぽったりとするまでとろ火で練り上げる。

やはたいも

優しい甘みで"口福"に

市村弘美さん（72）＝甲斐市西八幡

釜無川付近の肥沃な土地で採れる「やはたいも」は200年以上の歴史を持ち、きめ細かな肌とねっとりとした食感が特徴。1個の種いもから親いもが育ち、10個前後の子いもをつけることから子孫繁栄の縁起物とされています。煮っころがしのコツは、ぬめり気を洗い落さないこと。通常は里いものぬめりを除くために皮をむいた後に塩でもんだり、ゆでこぼしたりしますが、弘美さんをはじめ、やはたいも農家さんは「全部がおいしさのうち」と力説します。ピンポン大の小粒は皮ごと水からゆでて「きぬかつぎ」に。しょうがじょうゆや、わさびや砂糖じょうゆを添えてお月見の晩に召し上がれ。

やはたいもご飯

材　料

米 3 合、やはたいも（2L）6 個、ちりめんじゃこ 20 g、調味料（しょうゆ、酒 各大さじ 1）、刻みのり 適宜

作り方

①米は洗って水につけて約 30 分おく。
②①に調味料を加えて目盛まで水加減し、やはたいも、ちりめんじゃこをのせて炊く。刻みのりをあしらっていただく。

煮っころがし

材　料

やはたいも（2L）7 個、煮干しだし 300cc、調味料（砂糖 大さじ 5、しょうゆ 大さじ 3、酒 大さじ 2）

作り方

やはたいもは皮をむいて 2.5㎝の輪切りにし、煮干しだしと調味料も加える。中火で約 15 分、やわらかくなるまで煮る。木べらで転がしながら汁を煮詰める。

くりの渋皮煮

お茶の時間に至福の味

佐野ハルエさん（77）＝市川三郷町山保

ハルエさんが嫁いだ時からあるくりの大木。秋彼岸から10月にかけて大粒のくりがたわわに実るので、毎年丹精して「渋皮煮」を作ります。最短で4日はかかりますが、手間を惜しまなければ至福の味が楽しめます。くりむきの際、誤って渋皮をむいてしまうと仕上がりが台無しになるので潔くはじくこと。ハルエさんは、渋皮をむいたくりに少量の砂糖を加えて固ゆでし、「くり入りお赤飯」や、金時豆と煮合わせて「くりきんとん」を作ってくれました。これらもまた格別なおいしさで秋を満喫できます。

材　料

くり 1kg、重曹 大さじ 1.5、
調味料（砂糖 600 g、しょうゆ 大さじ 2、
塩 小さじ 1）

作り方

①くりを洗い、たっぷりの熱湯を注いで 15 分おき、渋皮を傷つけないように鬼皮をむく。
②鍋にくり、重曹大さじ 1 を入れてたっぷりの水を注いで一晩おき、そのまま強火にかけて沸騰したら 5 分ゆでて冷まし、流水でやさしく洗う。
③くりに重曹大さじ 1/2 を入れ、たっぷりの水を注いで一晩おき、そのまま強火にかけて沸騰したらざるに上げる。
④水をはったボウルの中でくりを洗い、アクや渋皮の筋を丁寧に取り除く。
⑤再び水を注ぎ、中火でくりがやわらかくなるまで約 20 分ゆでてざるに上げる。
⑥鍋にくり、水 600cc、調味料を入れて紙ぶたをのせてふたをし、弱火で 30 分煮る。そのまま冷まし、1 ～ 3 日おいて味を含ませる。

※密閉容器に入れ、冷蔵庫で 1 ヶ月弱、冷凍すれば 1 年弱は保存可能。

よみがえった“よんぱち”

新米かまど炊きは格別

溝口秀元さん（70）・幸子さん（64）ご夫妻
＝北杜市武川町山高

昔、お江戸に献上していたほどのおいしさを誇る武川のお米。ご夫妻が育てるのは戦後に生まれた愛称“よんぱち（農林48号）”。農林8号と陸羽132号の交配種です。食味が良いものの冷害に弱く、一時期衰退の一途をたどっていました。1995年、当時の武川村が7グラムの種子を農林水産省より入手し、地元人たちの協力のもと、無事復活を果たしました。コシヒカリに比べて「あお」と呼ぶ未熟米があるのが特徴。このあおが炊いた時にのり気となってよんぱち特有のおいしさを生み出します。

材　料

新米 5 合、
水 米の容量の 1.2 倍弱（1080cc弱）

作り方

①米はボウルに入れ、水を注いで軽く混ぜてすみやかに水を捨てる。
②2 ～ 3 回水を替えながら米を洗って水が半透明になったらざるに上げて鍋に移し、分量の水を注いで約 30 分浸水させる。
③点火して強火を保ち、沸騰したら火を弱めて 12 ～ 15 分加熱し、最後は 30 秒ほど強火にして余分な水分を飛ばし、10 ～ 15 分蒸らす。
④鍋のふたを開け、全体に空気を含ませるようにしゃもじで天地返しして出来上がり。あればおひつに移していただく。

※米の水加減は容量の 1.2 倍が目安だが、新米は水分が多いので少し水を減らすと良い。

※米の炊き方は新米が基準。浸水時間は水温や、米の乾燥具合により季節折々に調節する。（真冬は 1 時間、真夏は 20 分程度が目安。）

新米のお供

口に広がる甘みを楽しむ

小林勝代さん（69）＝甲府市古関町

山間の限られた耕地を利用し、山の冷涼な伏流水でコシヒカリを育てている勝代さん。収穫後は２週間昔ながらの天日干しをし、脱穀後は籾付のまま保存、食べる直前に自家精米しています。何といっても新米の輝きは格別。まずはピカピカの白飯でいただき、その後は健康面を考えて雑穀ご飯でいただきます。「三升漬け」は北海道や東北地方の郷土料理で、青唐辛子、米こうじ、しょうゆを一升ずつ合わせて熟成させたもの。「南蛮みそ」（料理写真奥）は勝代さんの十八番。どちらもご飯の甘味を引き立てる最高のお供です。

三升漬け（青唐辛子入りしょうゆこうじ）

作り方

①青唐辛子 100 g はヘタを取り除いて小口切りにする。（唐辛子の刺激が強烈なので手袋着用のこと。）米こうじ約 110 g、しょうゆ 200cc を混ぜ合わせてふた付き容器に入れ、時々混ぜながら冷暗所で熟成させる。

※こうじがやわらかくなった 20 日以降が食べ頃。1 年以上寝かせると一層美味。

南蛮みそ

作り方

青唐辛子 50 g は小口切りし、熱湯をかけてアクを抜き、みそ 200 g、みりん 80cc、酒 30 cc を混ぜてぽってりするまで煮詰める。

香り豊かな香茸めし

きのこ愛好家　憧れの的

朝日屋の神宮司けさ子さん（80）＝笛吹市御坂町栗合

香茸は、名の通り香ばしくてコクのある香りのきのこ。乾燥させると香りが倍増するので、天日干しして密閉保存、１年かけて使います。干し椎茸と同様に扱いますが、水に浸すと黒光りし、独特の香りを放ちながら艶めかしく広がります。このもどし汁で具材を煮るのが味の決め手。神宮司家では「松茸ご飯」以上に愛され、お正月やお祝いの席に欠かせません。ものを大切にする精神を徹底するけさ子さん、「もどし汁で手を洗うとあかぎれが治るの」と暮らしの知恵も伝授してくれました。

材　料（およそ４人分）

香茸（乾）25ｇ、米３合、油揚げ１枚、ちくわ１本、
調味料（しょうゆ 大さじ4、砂糖 大さじ3、顆粒だし 小さじ1）

作り方

①香茸は手早く水洗いして汚れを除き、たっぷりの水に２～３時間つけてもどし、3㎝の長さのせん切りにする。もどし汁はこす。
②油揚げは香茸同様にせん切り、ちくわは半月薄切りにする。
③鍋に香茸ともどし汁300ccを入れ、中火にかけ､約20分かけて煮汁が半量になるまで煮る。
④油揚げ、ちくわ、調味料を加えて弱火で20分煮て冷まし、充分に味をなじませる。
⑤米は洗い、通常より少なめの水加減で30分浸水させて炊く。（水は米に対して1.1割増しを目安とするとよい。）
⑥ご飯が炊きあがったら③の具材を煮汁ごと加え、全体を混ぜて蒸らし、出来上がり。（煮汁は③の煮詰め加減によって異なるため、様子をみながら加えること。）

秋たけなわ きのこすいとん

“天然”の力強い味わい

深沢たつ子さん（68）＝北杜市須玉町若神子

秋には枕元に3冊のきのこ図鑑を備え、天気と気候のベストタイミングを待ちわびて過ごすたつ子さん。「日本にはおよそ5千種類のきのこがあるけど、食用できるのはわずか5%。中でもおいしいのは80～100種しかないんだよ」と話します。この年は雨が少なく、当日たつ子さんのお眼鏡にかなったのは、あみたけ（通称モジ）とさくらしめじ（通称ミネゴシ）のみ。きのこの旨味を引き出すために、水から煮込みます。モジは火を通すとまるで肉厚のレバー。つるんとした弾力がたまりません。ミネゴシは運が良いと大群に出会い、夢中になって採っているうちに峰を越してしまうことからその名があるそうです。

材　料

天然きのこ（あみたけ、さくらしめじ、ぬめりいぐちなど）150 g、季節の野菜（じゃがいも、だいこん、にんじん、長ねぎなど）400 g、煮干しだし 1.5L、
すいとん生地（地粉 200 g、水 200cc）、
みそ 適宜

作り方

①きのこ類は軸の硬い部分を切り落とし、ぬれ布巾で全体の汚れをやさしくふきとり、大き目のひと口大に切る。
②野菜類はひと口大のいちょう切りにする。
③鍋に煮干しだしを入れ、①、②を加えて中火にかけてやわらかくなるまで煮る。
④地粉に分量の水を加えてだまがなくなるまで混ぜ、スプーンですくって③の汁に落とし、約10分煮る。みそを加えて味を整え、さらに約5分煮て出来上がり。

※きのこは汚れや虫が気になる場合、塩水につけて洗うと良い。ただし長くつけすぎると風味が落ちるので手早く行うのが鉄則。

まこもだけの天ぷら

田んぼの松茸堪能

嶋田よし子さん（61）＝南アルプス市大師

「まこもだけがぷーぷーと膨らみ始めたよ」と連絡をいただき訪ねると、そこは水辺のジャングルでした。肥大した茎の中間部を天ぷら（料理写真左奥）にして食したりするのですが、たけのこやズッキーニをかけあわせたような淡い香りと食感が魅力です。よし子さんいわく「まるで田んぼの松茸」。収穫後は濡れ新聞紙に包んでビニール袋に入れて冷蔵保存すれば1週間鮮度良好。大量に入手した場合、加熱調理して小分けにして冷凍すると重宝します。2ｍを超えるまこもだけの葉は日陰干ししてお風呂に入れると身体が温まり、肌を健やかに保つとのこと、嬉しいおまけです。

天ぷら

材　料

まこもだけ 3本、衣（薄力粉 80ｇ、水 100cc、塩 ひとつまみ、こしょう・カレー粉 各少々）、サクラエビ、青のり 各適宜、揚げ油

作り方

①衣の材料を泡立て器で混ぜ合わせて3等分する。ひとつはそのまま、ひとつはサクラエビを荒く砕き入れ、残りには青のりを加える。

②まこもだけの皮をむいて白い部分を取り出し、茎の硬い部分を切り落としてさっと水洗いし、1㎝幅の斜め切りにする。

③①の3種の衣をたっぷりとつけ、180℃の揚げ油で2～3分揚げ、油を切る。熱々のうちに好みで塩をふっていただく。

その他の調理法

●穂先は生のままスライスし、わさびじょうゆで刺身風に。

●ゆでてマヨネーズやドレッシングで和えサラダに。

●きんぴら風炒めにしてご飯に炊き込む。

大塚ごぼうチップス

旬の香りとほろ苦さ

塩島先一さん（65）＝市川三郷町大塚

「大塚地区は火山灰土の降り積もる肥沃な大地。1m掘っても小石ひとつ出てこないサラサラの土目を“のっぷい”と呼ぶんだけど、これがやわらかくて味の濃い根菜を生み出すんだ」と先一さん。代々親が続けてきたように大塚にんじん、ごぼう、長いもを作り続けてきました。ごぼうは連作不可能なため、育てる苦労は並大抵でなく、衰退の一途をたどっています。「大塚ごぼう」の味を絶やしてはならぬと一念発起し、5年前より出荷を始めました。「みずみずしい夏ごぼうから、冬までの味の変化を楽しんで」と太鼓判を押します。

材　料

ごぼう、片栗粉、揚げ油、塩 各適宜

作り方

①ごぼうはタワシで汚れを洗い落とし、15㎝の長さに切る。

②皮むき器でごぼうを薄くスライスしながら水に放ち、ざるに上げてペーパーで水気をふき取る。（ほろ苦さをいかすため、アク抜きは短時間でOK。）

③片栗粉を薄くまぶし、160 ～ 170℃の揚げ油に入れてじっくりと揚げる。

④カリッとしてきたら油を切り、熱いうちに塩をまぶして出来上がり。

※お好みでハーブソルト、カレー塩、黒こしょう、青のり、七味などで風味付けしていただく。ビールやワインとの相性抜群。

※晩秋には大塚にんじんと盛り合わせ、紅白の“のっぷいチップス”をお試しあれ。

浅尾だいこんのフレッシュ漬け

りんご合わせて爽やかに

窪田照子さん（78）＝北杜市明野町

「浅尾地区は“のっぷい”（p67参照）と呼ばれる火山灰土で昔から、きめの細かい白い肌のだいこんが採れるの」と照子さん。半世紀以上茅ヶ岳の麓で浅尾だいこんを育ててきたベテラン農家で、今も毎冬200本のたくあんを漬け込みます。3月を過ぎたたくあんはぬかを洗い落として天日に干し、手作りみそに漬け込んでおけば長期保存が可能。べっこう色のみそ漬け（料理写真奥）はお茶漬けやお粥に最適です。今回は明野の特産物を掛け合わせた爽やかな風味のアップル漬け（同左）とゆず漬け（同右）を伝授してくれました。

アップル漬け

材　料

だいこん 1本（1kg）、塩 30 g（だいこん重量の3%）、りんご 1個、赤唐辛子（小口切り）1本分、砂糖 120 g、酢 70cc

作り方

①だいこんは皮をむいて縦半分に切って容器に入れ、塩をふって大根の倍量の重石をのせて冷暗所で2日間おく。
②りんごは1cmの厚さの半月切りにする。
③①のだいこんをざるに上げて水気を切り、容器に戻しながら、間に砂糖とりんごをはさむ。
④酢を全体に回しかけ、だいこんと同量の重石をのせて冷暗所で3日～1週間漬けたら出来上がり。2週間冷蔵保存可。

ゆず漬け

材　料

だいこん 1本（1kg）、塩 20 g（だいこん重量の2%）、柚子の皮のせん切りと果汁 1個分、赤唐辛子（小口切り）1本分、砂糖 120 g、酢 90cc

作り方

だいこんは短冊切りにして塩をまぶす。その他の材料も加え、軽く重石をのせて半日おく。

はやとうり

食感が楽しい万能野菜

井上紀子さん（76）＝富士川町長沢

はやとうりは熱帯アメリカ原産のウリ科の植物。大正初めに鹿児島に伝来し、薩摩隼人にちなんでその名が付けられました。ひとつの種からおよそ千個の実をつけることから別名千成うり。「実際育ててみると200個程度。春に3～4個も植え付ければ我が家では十分」と話します。にんにく、ベーコンと炒め、塩・こしょう・しょうゆで味付けすれば若者も大好きなおかずになって秋の便利野菜として重宝します。ところではやとうりの汁には収斂作用があり、指につくとパリパリするので速やかに洗い流しましょう。大量に扱う場合は手袋着用をおすすめします。

はやとうりの佃煮

材　料

はやとうり 1kg、調味液（しょうゆ 230cc、酢 130cc、砂糖 250 g、しょうが ひとかけ、かつおぶし・白ごま各適宜）

作り方

①はやとうりは天地を1cm切り落とし、縦半分に切って中央の種を取り除き、速やかに水洗いしてぬめりを取る。水気を切って2～3mmの厚さのいちょう切りにする。
②調味液を合わせてひと煮立ちさせて火を止め、熱いうちに①を入れて完全に冷めるまで自然放置し、はやとうりを取り出す。
③②の作業を合計で3回繰り返して出来上がり。

粕漬け

材　料（作り方はp55 参照）

はやとうり 1kg、塩 50 g（はやとうり重量の5%）粕床（酒粕 500 g、砂糖 60 g、みりん 大さじ 5、塩 大さじ1）

牧丘のサンザシ

甘酸っぱい長寿の「薬」

古屋茂富さん（83）・くに代さん（79）ご夫妻
＝山梨市牧丘町北原

サンザシは中国原産のバラ科の果実。不老長寿の薬効を持つといわれて貴ばれています。ご縁あって牧丘に1996年、中国から門外不出の5品種500本が届きました。6月には可憐な白い花を咲かせ、9月末～10月末にかけて姫りんごのように愛らしい実をたわわに実らせます。ご夫妻の元気の源は「サンザシ茶」。種をよけながら2㎜の厚さに切り、約ひと月かけて天日干しし、密閉容器に入れて冷蔵保存。前の晩に水につけ、翌朝ひと煮立ちさせ、お好みでハチミツを加えていただいています。

サンザシジャム

作り方

①サンザシ1kgは水洗いして茎を除き、2～3等分に切ってホーロー鍋に入れ、ひたひたの水を注いでやわらかくなるまで約20分煮る。
②①を木べらでつぶし、裏ごして種を除いて鍋にもどし、ぽったりとするまで煮詰め、約300ｇの砂糖を加えてひと煮立ちさせ、熱いうちに清潔な瓶に詰め、冷暗所で保存する。

シロップ漬け

作り方

①サンザシ200ｇに2～3か所包丁で切り込みを入れ、保存瓶に入れる。
②グラニュー糖500ｇと水3カップを煮立て、粗熱がとれたらハチミツ50ｇと酢小さじ1を加え、冷めたら①に注いで密閉し、冷暗所で半月以上ねかせて出来上がり。好みで炭酸水や熱湯で割っていただく。

食用菊 もってのほか

心身包む風雅な香り

青柳良一さん（73）・恵美子さん（68）ご夫妻
＝北杜市須玉町若神子

現在ご夫妻が栽培する食用菊は、濃紫色の「もってのほか」、黄色の「松波」を中心に4種類。「もってのほか」は食用菊の王様と称されるほどで味、風味、美しさが抜群です。その名の由来は諸説あるようですが、①天皇の御紋である菊の花を食べるのはもってのほか②こんなにおいしいものを食べないなんてもってのほか③（おいしいので）嫁にやるなんてもってのほか、の3説が有名です。1パック（約80g）におよそ70輪が入っており、ガクをはずすとザルに山盛りいっぱいになりますが、ゆでるとほんのひと握り。貴い食材です。菊の花と葉は天ぷらにしても美味。菊葉は苦みの少ない白花や黄花のものがおすすめ。よもぎのような風味が楽しめます。

菊の甘酢和え

材　料

食用菊 1パック（約80g）、塩 ひとつまみ、酢 大さじ1、すし酢 適宜

作り方

①菊は水洗いしてざるに上げて水気を切り、ガクを取り除く。
②鍋にたっぷりの湯を沸かし、塩、酢を加え、菊を入れて菜箸で混ぜながら色鮮やかになるまで約30秒ゆでる。
③ざるに上げ、流水にさらして急冷し、軽く水気をしぼり、すし酢をひたひたに注ぐ。

※味がなじんだら、そのままいただいたり、菊寿司、浅漬け、くるみ和え、白和え、のり巻などに。

収穫祝うサンマ飯

お膳に秘められた願い

前列中央・日向善実さん（84）を囲んで、
江草レディースのみなさん＝北杜市須玉町江草

「こばしあげ（脱穀）が終わるとサンマ飯を炊き、手伝ってくれた隣近所の皆さんをご苦労呼びしたものだよ」と昔語りをする善実さん。海と山の出会い物である「サンマ飯」は秋の収穫を祝う格別なご馳走でした。祝いご膳に並ぶのは、おせい（5色野菜の煮もの）、きんぴらごぼう、青菜のくるみ和え、お澄まし等…。どれもなじみの料理ではありますが、そのひとつひとつに子孫繁栄の切なる願いが込められています。古老たちからの口伝を、善実さんは後継者である江草レディースの面々にバトンタッチします。

材　料

新米 3 合、サンマ 2 尾、塩 小さじ 1、
調味料（酒 大さじ 3、しょうゆ 大さじ 2、
塩 小さじ 1/3、しょうがのすりおろし ひとかけ分）、
しょうがのせん切り 適宜

作り方

①新米は洗い、580ccの水を注いで 30 分浸水させる。
②サンマは頭、内臓を取り除いて 2 〜 3 等分の筒切りにして塩をまぶして 10 分おき、両面をこんがりと焼く。
③①に調味料を加えてひと混ぜし、②のサンマをのせて炊く。
④炊きあがったらすぐにサンマの尾と骨を除いて身をほぐし、全体を混ぜて 10 分蒸らし、茶碗に盛ってしょうがのせん切りを天盛りして出来上がり。

大石いも

富士山麓の“滋養強壮剤”

生産者の外川徹さん（68・右）＝富士河口湖町大石と、ＪＡ北富士経済課課長の古屋善治さん（58）

「大石地区は富士山の火山灰土と、御坂山系の肥沃な土が混じった土地で２～３m掘っても石が出てこないので、根菜に最適な地」と話す古屋さん。大石いもは、富士山の恵みを受けて育つ“富士山やさい”の代表格のひとつ。“山うなぎ”と称され、自然薯のように強い粘りを持ちます。泥つきのまま新聞紙に包んで冷暗所におけば３ヶ月以上鮮度良好。なお「むかご」は山いものツルの脇につく小指大の球芽のこと。その姿は愛くるしく、まるでベビーポテト。生のままかじるとねっとりとして山いもそのもの。塩ゆでや素揚げにするとお酒のおつまみに最適です。

大石いもの楽しみ方

- ●とろろ（すり鉢で直接するときめ細やかな食感を、おろし器ですると野性味が楽しめる。しょうゆや生卵を加え、麦飯にかけていただく。だし汁やみそ汁でのばしても美味。）
- ●ポン酢和え（せん切りして食感を楽しむ。）
- ●山ステーキ（1cm厚さに切って両面をバターでこんがり焼き、しょうゆで香りづけ。）
- ●山いもお焼き（キャベツ、豚バラ、サクラエビなどを混ぜ、お好み焼き風に焼く。）

むかご煮っこわ

材　料

もち米３合、むかご 200 g、調味料（酒・みりん各大さじ 1、塩 小さじ 1、顆粒だし 小さじ 1/2）

作り方

①もち米は洗ってざるにあげ、30 分おく。むかごは皮ごと水洗いして水気を切る。

②炊飯器にもち米、水 450cc、調味料を加えてひと混ぜし、むかごをのせて炊く。

百目柿から「柿酢」作り

自然まかせ　天日で熟成

萩原直機さん（71）＝山梨市落合

百目柿は山梨県を代表する渋柿で300g程の大果。柿の名産地で30本の百目柿を栽培する直機さんは枯露柿作りでは飽き足らず、10年前から柿酢作りに取り組んでいます。試行錯誤を繰り返し、最近では質・量共に満足のいく出来映え。自家用にお酢を買うことがなくなりました。先日旅したオーストリアで口にしたフルーツビネガーより、自家製柿酢のほうが格段においしかったと話します。卓上には昆布に柿酢を注いだ瓶を常備し、生野菜、焼き魚、煮豚などにかけ、減塩対策にも役立てています。

材　料

百目柿（完熟）四斗桶の7分目量

作り方

①柿のヘタを取り除いて手でつぶしながら四斗桶に入れ、軽くふたをのせておき、1週間毎日木べらで全体をかき混ぜる。（柿の水洗いは不要。皮の周りの酵母が働き3～4日目にアルコール発酵がはじまる。）

②気泡が落ち着いて6分目になったらゴミが入らぬようにしっかりとふたをしめて戸外で熟成させる。（ふたの内側にビニール袋をかぶせ、外側もビニール袋で覆ってひもでしばると汚れ除けに万全。）

③翌年の11月に表面の白い膜を取り除き、澄んだ上澄みを一升瓶に移して冷暗所で保存する。

④使用前にキッチンペーパーでこし、75℃で3分間加熱殺菌して出来上がり。

⑤常温保存し、調味料として活用する。

※柿は干し柿用にむいた皮のみで作ると甘みが一層引き立つ。渋柿の他、甘柿でも可。

※初回は柿3kgを8Lの保存瓶でお試しを。

日本ハチミツ

複雑美味な奇跡の恵み

民宿えびなやの佐伯順治さん（65）＝早川町西山

養蜂を始めて30年余り。「収穫量・味・香り・色など二度と同じものは出来ないのが魅力。西山地区は果樹園や造成林がないので、正真正銘の天然ハチミツ“百花蜜”が味わえるよ」と語ります。年に数回採蜜できる西洋ミツバチに比べ、日本ミツバチは年1回。働きバチが一生の間に集めるミツは小さじ1/3未満と至極貴重です。

【使い方あれこれ】

・抵抗力を高めるために毎日スプーン1杯なめる。
・レモンの薄切りにハチミツを注いで冷蔵保存し、のどの痛みや疲労回復に役立てる。
・下痢止めには熱湯で溶いた温かいハチミツ湯を飲む。便秘にはハチミツ水がおすすめ。
・冬場、荒れた唇にぬって保湿剤とする。
※1歳未満の乳児には禁止。

【参考】日本ミツバチの育て方

●春先、巣箱を仕掛けてミツバチを捕獲し、自然豊かな環境で飼育を開始する。
●女王バチが次々に働きバチの卵を産み、孵化した働きバチが居心地良く活動できるように環境整備しながら見守る。（天敵の熊や大スズメバチ対策は必須。）
●初夏は巣の出入り口を絶えず観察し、女王バチが働きバチを引き連れて分蜂する際は、そっと捕獲し、新しい巣箱に収める。
●10月1週目が最適な採蜜時期。巣箱からハチミツの詰まったハチの巣のみを取り出し、手で砕いてざるにのせ、ミツを受ける。さらに2回こして不純物を取り除き、ハチミツの出来上がり。（冷蔵保存がおすすめ。）
●ハチの巣箱に砂糖水を入れ、越冬させる。

※養蜂にはさまざまな準備と心構えが必要ですが、奥深くて魅力的。詳しくは身近な養蜂家にお尋ねください。

りんごの干菓子

峡北の風土が生む食感

藤原静子さん（80）
＝韮崎市中田町

20年来続く「中田絵手紙の会」にお邪魔した際に出会った感動の一品。りんごを煮た際に残る煮汁は冷蔵保存し、次回の水代わりに使います。冬が終わったら冷凍保存し、翌秋再び解凍して水代わりに使い回していくうちにいつしか「秘伝タレ」となり、世界でたったひとつの「りんごの干し菓子」が生まれます。

材　料

りんご 中４個、
調味料（ワイン・酒・みりん 各大さじ３)、
水 適宜、
レモン輪切り ２～３ 枚、砂糖 大さじ 1.5、
ブランデー 大さじ２弱

※ワインは赤白お好みで。

作り方

①りんごは皮むき器で薄く皮をむいて６等分し、芯と種を取り除く。約５分薄い塩水（分量外）につけて変色を防ぎ、ざるに上げる。
②りんごをホーロー鍋に入れ、水をひたひたに注いで調味料を加え、ふたをして強火で煮る。
③沸騰したらアク取りしながらりんごが透き通るまで中火で 15 ～ 20 分煮る。
④レモンの輪切り、砂糖、ブランデーを入れてひと煮立ちしたら火を止め、ふたをしてそのまま冷ます。
⑤ざるに上げて煮汁を切り、盆ざるなどに広げて約１週間かけて乾燥させる。煮汁は保存瓶に入れて冷蔵し、次回水の代わりに使用する。

※干菓子はビニール袋に入れて密閉し、冷暗所で保存。梅雨以降は冷蔵保存すれば１年間美味しく食べられる。

万沢の「しょうが菓子」

体の芯からぽかぽかに

遠藤静枝さん（70・左）と佐野孝子さん（73）
＝南部町万沢

万沢では武田信玄の時代から、富士川町沿岸の肥沃な土地と、温暖な気候を生かしたしょうが栽培が盛んでした。代々引き継いできた種しょうがを絶やすことなく、毎年春に植え付け、自家用に栽培する静枝さん。収穫期は10月中旬～11月上旬。笹のような細くシャープな葉を引き抜くと、辺り一面に爽やかな香気が漂います。種しょうがの上に、およそ3倍の1kg大のしょうがが育つので、その名も大しょうが。適度な辛味と大きさがしょうが菓子に最適です。ちなみにスーパーに並ぶしょうがは辛味と繊維が強いため、しょうが菓子には不適とのこと。当日は孝子さんが会長をつとめる「南部食育ふれあいすみれ会」の皆さんも合流し、作り方をマスターしました。

材　料

大しょうが 1kg、酢 100cc、砂糖 700 g

作り方

①大しょうがは皮ごと水洗いし、2 ～ 3㎜の厚さに切ってホーロー鍋に入れ、たっぷりの水を注いで酢を加え、強火で約 30 分ゆでる。
②ざるに上げて水気を切り、新しい水をたっぷり加えて約 30 分ゆでて水切りし、鍋に戻す。（アクが強ければ再度繰り返す。）
③砂糖を加えて強火～中火にかけ、たえず木べらで混ぜながら煮詰めていく。35 分前後に液が煮詰まり、鍋底がパチパチ音を立てるので激しく混ぜ、ひと呼吸したら火を止め、そのまま余熱で混ぜ続ける。
④全体に砂糖が絡まったら新聞紙の上に広げて急冷して出来上がり。長期保存する場合は約 1 時間天日干しし、完全に乾燥させて密閉容器で保存する。

※③の後半は高温のため軍手着用のこと。
※しょうが菓子は緑茶、紅茶、ホットミルクに入れても美味。
※鍋や新聞紙に残ったしょうが砂糖はサバの煮付けに。

おごっそうと暮らす

●過ぎたるはなお及ばざるがごとし

今はいつでも何でも自由に買える時代だからこそ暮らしの基本が大切。食生活と排泄、運動、睡眠と休養のバランスが心身の健康を左右します。富士川町小林の有泉きみ子さん（p31）はご主人の大病を機に食生活を徹底的に改善。“体に良いものを少しずつ 365 日”をモットーに定番朝食を編み出しました。
「健康長寿は一日にしてならず」を肝に命じて欲張らず、足ることを知りたいと思います。

●はんで手を入れる

漬物は一番小さなおかず。ぬかみそや白菜漬け、たくあんなど当たり前過ぎて教えられないよと達人たちはしきりに謙遜しますが、日々の食卓にある季節の漬物はちょっとした“愛の証”です。
鳴沢村の渡辺萩子さんと渡辺環さん（p83）には江戸時代から続く伝統の鳴沢菜漬けを習いました。霜が当たって甘みが増した頃が漬け時。およそ倍量の重石をのせて速やかに菜の水を抜き、水があがったらすかさず重石を軽くして水が浸る程度に加減します。そのまま重石をおくと菜がつぶれて硬くなり台無しになるので、随時調整を怠らず、最後の一本までふっくらとした食感を守ります。その時々、適時手を入れる姿を甲州弁では“はんで手を入れる”というのですが、それはまるで赤子を育てるかのごとく慈愛に満ちていました。

●豆を炊く豊かな時間

とかく慌ただしく追い立てられる毎日。つい心の余裕を失くして自分の足元がおろそかになり、急いては事を仕損じて反省する私です。
豆炊き名人のひとり、甲斐市吉沢の山本初子さん（p20）はいつもの食卓に金時豆やうずら豆煮を欠かしません。「肝長（きもなが）でないと豆はふっくらと炊けないよ」と諭します。一晩おいて吸水させることからはじまり、弱火にかけたら豆が煮汁から顔を出さぬように差し水しながらじっくりと時間をかけて炊くのがコツ。砂糖は数回に分けて加え、徐々に味を含ませます。
時が満ち、年の瀬の黒豆を炊く時間が愛おしいと教えてくれたのは西桂町小沼の渡辺徳子さん（p89）でした。

●獣との共生

かつての山梨ではタンパク質は主に畑の大豆から摂り、時々川・沼・湖・山の恵みをいただいて英気を養いました。人が里山に入るのは日常茶飯事、獣たちの住む場所は深山で、互いに程よい境界線を保って共存していました。「近年ほどの悩ましい害獣被害は人の暮らしが変わったことにも原因があるのでは」と甲州市塩山一之瀬高橋の源猟会メンバー（p104）をはじめ、山間の古老たちが口々に語っていたのが印象的でした。

●終わりは百々代あめ ～百年続く口福の味に～

私が百々代あめ（ｐ 111）に出合ったのは 15 年前の寒い冬のことでした。
内藤英子さんの草もちに出合った頃、勤務していた老人保健施設で戦前・戦中・戦後の激動の時代を生き抜いたご年配者方々に食にまつわる話を伺いました。食べることが命がけだった時代の数々のエピソードは、私にとって正に玉手箱を開くことでした。2004 年、所属していた山梨県老人保健施設協議会栄養士部会の仲間たちに呼びかけ、県内での聞き書きをまとめた小冊子「おばあやんのおごっそう」を制作。山梨日日新聞の生活面で紹介され、それを見た中沢百々代さんからお問い合わせいただいて一部送付したところ、風流なお礼状と百々代あめが届いた次第。いつか大好きな草もちや百々代あめを玉手箱に詰めて未来に手渡したいと、道なき道を歩き始めました。
いくつもの奇跡が重なって連載「おごっそうの玉手箱」が実現。最終回には百々代さんとそのご家族に会いに行くことができました。
百々代あめは末娘の三津子さんに受け継がれ、折々に作られて多くの人々のお口を喜ばせていました。一粒のあめをなめている間はしあわせな時間が続き、それは記憶に残り、ふとした時に浮かび上がって優しく背中を押してくれます。
人生は山あり谷あり。おごっそうが日々の暮らしの中にあれば心身をしなやかに整え、力を添えてくれるように思います。

※新聞掲載の翌月葉桜の頃に中沢百々代さんは旅立ちました。そして同夏大家の内藤栄さんが旅立ちました。

冬

野山の幸

柚子　かりん

ジビエ（シカ・イノシシ・クマなど）

畑の幸

大塚にんじん　はくさい

冬の鳴沢菜　長かぶ

れんこん　えびいも

冬の水掛け菜　水ねぎ

川・湖の幸

ワカサギ

●写真：甲州市塩山一之瀬高橋の木立

市川三郷町の大塚にんじん

“のっぷい”が育む濃厚な味

横田けさよさん（65・左）と、
生産者の土橋豊俊さん（76）＝市川三郷町大塚

豊俊さんが手にするのは“ほりん棒”。巧みに使って火山灰土の降り積もった“のっぷい”（P 67 参照）の大地から長ににんじんを引き抜きます。生産の歴史は古く、明治時代は天秤棒、大正末から昭和初期にかけてはリヤカーや自転車に乗せ、年末年始の食材として県内を売り歩く姿は暮れの風物詩だったと言い伝えられます。にんじん飯は「各家庭にレシピあり」といわれる当地の名物ご飯。大塚に嫁いでからその味を知ったと話すけさよさん。改良を極め、今ではお孫さんから「おばあちゃんの味が一番！」とお墨付きをもらうほどに。お正月や祝い事に欠かせぬ自慢の一品です。

大塚にんじん飯

材　料

白米 3 合、水 600cc、大塚にんじん 150 g、
干ししいたけ（中）6 枚、油揚げ 2 枚、
調味料（しょうゆ 大さじ 3、酒 大さじ 2、
塩 小さじ 1、顆粒だし 小さじ 2）

作り方

①米は洗って分量の水につけて 30 分おく。
②大塚にんじんは丁寧に水洗いして泥を落とし、3cmのせん切りにする。干ししいたけは水で戻して同様に切る。油揚げは縦半分に切ってせん切りにする。
③①に調味料を加えてひと混ぜし、②をのせて炊き、全体を混ぜて出来上がり。

※大塚にんじんはきれいに洗えば皮ごと使用可。
※お好みで水の 1/3 量をしいたけの戻し汁にするとコクのある仕上がりに。

秋山伝統の「長かぶ漬け」

ごはんのおいしさ倍増

佐藤孝子さん（70）＝上野原市秋山

「この地の昔ながらの漬物といえば、長かぶと体菜、たくあんの3種」と話す孝子さん。各家庭代々好みの組み合わせがあり、佐藤家では秋山の伝統野菜である長かぶと体菜をご主人の勲さんが栽培し、晩秋から初冬にかけて衣装ケース並みの大容器に仕込んでいます。長かぶは旨味のある菜とほんのり辛味のあるかぶの両方が楽しめるお得な漬物（料理写真手前）。病気にかかりやすく、連作不可。おまけに若者の漬物離れもあって残念ながら長かぶ漬けを作る家は激減しているのだそう。勲さんは「生きている限りは作り続けるよ」と熱く語ってくれました。料理写真奥から長かぶの切り干しと、調理した白和え、けんちん汁。

材　料

長かぶ 約30kg、
下漬け用（塩 長かぶ重量の5%、他に5%濃度の塩水）、
本漬け用（塩 長かぶ重量の3%、塩昆布、赤唐辛子、みりんなど各適宜）

作り方

①長かぶはひげ根と傷んだ葉を取り除いて葉ごと丁寧に水洗いし、1日天日干しする。
②漬物容器の底に長かぶを並べ、葉は少なめ、かぶには多めに塩をふる。段ごとに葉とかぶを互い違いに詰め、同様に塩をふる。5%塩水を底に5cmたまるように注ぎ、内ぶたをして長かぶの倍量の重石をのせ、ふたをして風通しの良い場所に置いて下漬けする。
③約10日漬けて水が上がったら水洗いし、本漬けする。塩、塩昆布、赤唐辛子（手で半分に折る）を段ごとに散らす。隠し味にみりん少々も加え、②と同様に重石をのせる。
④水が上がったら重石を半分にし、冬〜春にかけていただく。

冬の漬物

昔ながらの天日干し

雨宮左智恵さん（83）＝甲州市勝沼町上岩崎

出会った方に気軽に「おこうこっちゃ飲んでっちゃぁ（漬物とお茶を飲んでいってね）」と声かけをする左智恵さん。はくさい漬けは漬かりすぎたら塩出しし、サラダ油で炒め、赤唐辛子、イワシの削り粉、しょうゆで味付けした「おこうこ煮」にすると郷愁をそそる味わいです。左智恵さんがある時、顔見知りの男性に差し入れすると彼は口に入れたとたんに大粒の涙をぼろぼろ流しました。慌てて「辛かったかしら」と尋ねると、母親を思い出して胸がいっぱいになったのだそう。陽だまりのような笑顔で今年も味わい深い漬物を仕込んでいます。

はくさいの塩漬け

材　料

はくさい１株、塩（白菜重量の約４%）

作り方

①はくさいはざっくりと水洗いし、軸の部分に十文字に包丁を入れ、４つに裂く。約３日天日干しして適度に水分を除く。夜は家の中に取り込むか、軒に集めてビニール袋や布で覆う。

②桶の底に塩少々をふり、はくさいを互い違いに並べ、塩をふる。（白い部分は塩を多め。）最上段は切り口を下にして塩をふり、中ぶたをのせ、はくさいと同量の重石をのせて漬ける。水が上がったら重石を減らして好みの塩加減に漬ける。１週間後から食べられる。

みそ漬け

作り方

みそに砂糖と酒を適宜加えて甘みと硬さを調整し、ごぼうやにんじんなどを３～４日漬ける。巻き寿司の芯や酒肴に最適。

工夫をこらした鳴沢菜漬け

春まで楽しむ伝統の味

渡辺萩子さん（85）＝鳴沢村

鳴沢菜は鳴沢村で江戸時代から栽培されてきた伝統の漬け菜。短めの丈と根元の赤紫のかぶ（料理写真奥）が特徴です。「今じゃかぶは捨てるけど、砂糖が貴かった昔は砂糖代わりにじゃがいもにのせて塩煮にしたよ」と萩子さん。鳴沢菜は晩夏に種をまき、霜に数回当てて甘みが増した頃が漬け時です。各家庭にレシピあり。萩子さんのしょうゆ漬けは味のなじみが早く、初心者に一押しです。この日はお隣で7つ年下の渡辺環さんも駆けつけ、年配者から譲り受けた秘伝の味を伝授してくれました（料理写真右奥）。こちらはゆっくりと自然発酵させ、鳴沢菜特有の風味を引き出します。春先、酸味が増した頃に油炒めにすると格別な味わいに。

萩子さんのしょうゆ漬け

材　料

鳴沢菜 12kg、切り昆布 30g、調味料（しょうゆ 1.8L、ざらめ（中双糖）1kg、酢 180cc）

作り方

鳴沢菜は水洗いしてざっと水気を切り、一段ごとに茎の向きを変えながら容器（あれば箱型）に隙間なく詰める。上に昆布を散らして調味料をまわしかけ、鳴沢菜の倍量の重石をのせて一晩おく。

重石を半量に減らし、冷暗所におく。

食べ頃は１週間目～４月上旬まで。

環さんの特製塩漬け

材　料

鳴沢菜 12kg、塩 300g（鳴沢菜重量の 2.5%）、
しょうが（大）ひとかけ、
赤唐辛子（小口切り）6g、切り昆布 30g、
みかんの皮 3～4個分、煮干し 90g

作り方

①しょうがは皮ごとすりおろし、みかんの皮はひと口大にちぎる。煮干しは２～３等分に折る。
②基本は【萩子さんのしょうゆ漬け】と同じ。一段ごとに塩と①を等分してふりかける。
食べ頃は 20 日目～４月上旬まで。

ゆずの揚げ菓子

高地が生む上品な香り

「柚子の里」を営む橋本八代子さん（82）
＝富士川町小室

高地における昼夜の寒暖差が香り高い上質なゆずを生み出すとあって、昔から各家庭に1本は常備し、香りづけはもちろん、ゆず風呂や、食糧難の時にはそのままおやつにしたものです。戦後養蚕が衰退し、村を挙げて桑畑から切り替え、旧増穂町穂積と高遠地区はゆずの名産地となりました。八代子さんは地元のゆずを広めるべく、毎年1～2品の新商品を開発しています。「ゆずっこちゃん」は八代子さんのお店の17年来のベストセラー。特別に伝授してくれました。

材　料

A（薄力粉 340 g、
　ホットケーキミックス 1/3 カップ、
　ベーキングパウダー 大さじ 1）
　砂糖 160 g、塩 少々
B（卵 1 個、牛乳 230cc）
　ゆずの皮（みじん切り）、黒ごま、
　揚げ油、打ち粉（薄力粉）各適宜

作り方

①Aをボウルにふるい、砂糖、塩も加える。

②Bを合わせて①に加え、菜箸で混ぜ、両手でひとかたまりになるまでこねる。

③ゆずの皮と黒ごまを加え、②がなめらかになるまでさらにこねる。打ち粉をした台の上で約 1㎝の厚さにのばし、7 × 1.5㎝の棒状に切る。

④ 170 ～ 180℃のたっぷりの揚げ油で、約 10 分かけて泳がせるように混ぜながらキツネ色になるまで揚げ、油を切って出来上がり。

※お好みで、ゆずの皮をおろしてグラニュー糖に加え、④にまぶすとゆずの風味が一層楽しめる。

ゆず＆かりんのジャム

冬の恵みで風邪知らず

佐野綾子さん（81）＝身延町清子

ゆずジャムのおかげでこの年になっても薬要らずで、風邪をひくことがないと話す綾子さん。庭にはご主人の植えたゆずの大木があり、一度に100個収穫し、青天井の下、薪を燃やして豪快かつ大らかにゆずジャムを仕込みます。おすそ分け方法も大胆で、瓶ではなくジッパー付きの保存袋に冷凍して郵送。家族や友人たちが冬の間存分に楽しめるようにとの心遣いです。かりんジャムはご友人の矢崎孝子さん（p109参照）作。各ジャムは冷凍すれば長期保存可。パンやヨーグルトに添えるほか、熱湯や紅茶に入れれば体が芯から温まります。

ゆずのジャム

材　料

ゆず皮 正味1kg、砂糖 700ｇ、A（ゆずの果汁、オレンジリキュール 100cc）

作り方

皮をひと口大サイズに指でむく。果肉は絞って果汁を取り分ける。皮にひたひたの水を加えてひと煮立ちさせ、ゆでこぼす。再度くり返して苦みを抜く。水を加えて皮がやわらかくなるまで中火で煮、砂糖を２回に分けて加え、Ａも加えてとろみが出るまで煮詰める。

かりんジャム

材　料

かりん２個（約600ｇ）、砂糖 350ｇ前後（かりん重量の50～60％）、クエン酸 小さじ1、レモン汁 大さじ２

作り方

かりんは種を除き、皮ごといちょう切りにし、たっぷりの水を注ぎ、１～２回水を取り替えながら一晩おいて渋抜きする。水気を切ってかりんにかぶる程度の水、クエン酸を加えて果肉がくずれるまで中火で煮て砂糖を２回に分けて加える。レモン汁を加えて出来上がり。

えびいも

年末年始に高級野菜を

「田富えびいも研究会」のみなさん
左奥から川口富男さん（72）・藤巻幸枝さん（67）・田中透さん（67）＝中央市

地元の四季新鮮収穫広場「た・から」の特産品を生み出そうと調査したところ、京野菜として名高いえびいもが、明治時代にはこの地で特産品であったことが判明。地元農家で50年来受け継がれてきた種いもを譲り受け、以降増やしてきました。その名は縞目の皮と反り返った姿がエビを思わせることから。きめの細かさとくりのような甘みが特徴です。1個の種いもから80個のえびいもが収穫できるとあって、正月に欠かせぬ縁起物。里いもの場合親いもは食べませんが、えびいもは親からひ孫まで楽しめます。「揚げ煮はピンポン大の孫いもで作るとホクホクとしたおいしさ」と料理担当の幸枝さんは話します。

揚げ煮

材　料（4人分）

えびいも 12個、タレ（しょうゆ・みりん・かつお昆布だし 各50cc、砂糖50g）、片栗粉、揚げ油、白ごま　各適宜

作り方

①えびいもは皮つきのまま洗い、竹串が通るまでやわらかく蒸す。
②タレの材料を鍋に入れ、ひと煮立ちさせる。
③①が熱いうちに、お尻部分をきゅっとつまんで皮をむき、表面に薄く片栗粉をまぶす。
④ 180℃に熱した揚げ油で表面がカリっとなるまで揚げ、油を切って②のタレをからめ、白ごまを散らして出来上がり。

石和のれんこん

無駄なくめでた尽くし

雨宮邦雄さん（79）＝笛吹市石和町砂原

笛吹川の度重なる水害に悩まされてきた旧富士見村ですが、その沼地を利用して昭和30～50年頃までれんこんの産地として栄えました。今では2軒に減りましたが、雨宮さんは節の長い「けえりんぼう」と、ころりと丸い「だるま」の2品種を根気強く栽培しています。「前者は土深く育ち、収穫時に泣かされるけど、味も粘りも最高だよ」と太鼓判を押します。夏にはそれぞれピンクと白色のハスの花を咲かせ、その美しさは圧巻です。

いそべ揚げ

材　料

れんこん、塩、焼のり、揚げ油 各適宜

作り方

①れんこんは水洗いし、皮をむいて速やかにすりおろし、塩少々を加える。

②ひと口大に切った焼のりの上に①をスプーン1杯のせる。

③約170℃の揚げ油に泳ぐようにくぐらせ、ほんのりとキツネ色になるまで揚げる。（すぐに火が通るので短時間でOK。）

※れんこんのデンプン質をいかした手軽な一品。もちもちっとした食感の中に、カリッとした小気味よい食感が愉快。焼のりの風味がれんこんの甘みを引き立てます。お酒のあてやおやつに最適。

その他の調理法

●皮ごと大ぶりに切って少量の油でじっくりと焼き、塩をふる。

●生のまますりおろして熱湯をそそいでせき止めに。（特に節がおすすめ。）

身延町特産の曙大豆煮

豆にあやかり良い年を

依田俊郎さん（71）・哲子さん（69）＝身延町大塩

「明治時代に関西から導入した大粒品種で、主に旧中富町曙地区で育てられていたことから曙大豆と呼ぶようになったんだよ」と俊郎さん。標高500ｍを超える傾斜地で育った曙大豆は正に大粒、甘みとコクが抜群ですが、高齢化にともない生産者が激減、入手困難につき「幻の大豆」とも称されます。秋の枝豆からお楽しみが始まって、年末には炒り豆を餅に加えたり、五目豆を作ったり、みそを仕込んだり…と依田家の台所の必需品です。

材　料

曙大豆 200 g、
煮汁（砂糖 200 g、しょうゆ 小さじ 1.5、
重曹 小さじ 1、塩少々）

作り方

①鍋に煮汁の材料と、水 1.6L を入れて火にかけてひと煮立ちさせて火を止める。
②大豆はやさしく水洗いし、傷んだものがあれば取り除いて水気を切り、すぐに①の熱い煮汁につけこみ、一昼夜おく。
③鍋をとろ火にかけて、豆がやわらかくなるまでじっくりと煮る。一度冷まして煮汁が充分に染み込んだら出来上がり。

※黒豆で作ればお節料理の黒豆煮に。

※煮豆の汁を切って、薄力粉をまぶし、天ぷら衣をくぐらせて揚げれば、おもてなし風のかき揚げに。

黒豆の煮物

新年へ祈り込めて炊く

渡辺徳子さん（64）＝西桂町小沼

お節料理に欠かせぬ黒豆は、魔除けの力があるとされ、マメに働き、マメに暮らすことを願って炊き上げられます。以前は市販品を使用していた徳子さんですが、気負わず力まず自然に時が満ち、5年ほど前から年の瀬の黒豆炊きの時間が愛おしくなったと話します。フランス製の赤のル・クルーゼの鍋の中で踊る黒豆が、ひときわ輝いて見えました。残った豆はペットボトルに詰めて保存すると鮮度良好。本レシピ用に1kg購入した場合、余りは500mlのボトル2本におさまります。翌年のお正月前までに使い切りましょう。

材　料

黒豆 2 カップ（約 300 g）、砂糖 500 g、塩 小さじ 1/2、しょうゆ 大さじ 1

作り方

①黒豆は水洗いし、傷んだものがあれば取り除いて鍋に入れ、約 4 倍量の水を注いで一晩おく。

②鍋にふたをのせて強火にかけ、沸騰したら豆が踊らない程度に火を弱め、充分にやわらかくなるまで約 1 時間煮る。途中アクが出るのでこまめにすくい、常に豆が煮汁から顔を出さないように差し水をする。

③砂糖全量を加え、20 分程度煮て甘みを含ませる。途中塩も加え、甘みを引き立てる。

④最後に隠し味のしょうゆを落として火を止め、アルミホイルで落としぶたをし、ふたをしめて室温で冷ます。味がなじんだら出来上がり。

※汁ごと密閉容器に入れ、冷蔵保存して 1 ～ 2 週間を目安に食べきる。

昔ながらの年越しそば

豊かな風味楽しんで

小林ケサエさん（83）＝甲府市下向山町

山間の旧上九一色村出身のケサエさんは、祖母や母親が丹精込めてそばの実を栽培・収穫し、そばを打つ姿を間近に見て育ちました。「一連の流れが何より醍醐味」と、15年前からそば栽培を始め、年末年始に家族や仲間達にふるまうのが恒例行事です。ケサエさんのそばの配合は小麦2に対してそば粉1。嬉しいことに初心者でも成功の可能性大の配合です。

材　料（およそ６人分）

そ ば：そば粉 200 g、地粉 400 g、卵 1 個、ぬるま湯 約 200cc、打ち粉（地粉）適宜

つけ汁：煮干しだし 900cc、にんじん 小１本、干ししいたけ ５枚、細ねぎ ２本、しょうゆ 100cc、薬味（細ねぎ）適宜

作り方

①粉類をボウルに入れて混ぜ合わせ、卵を加える。ぬるま湯を徐々に加えてひとまとまりにする。生地がなめらかになるまで約 10 分こね、ビニール袋に入れて 20 分休ませる。

②つけ汁のにんじんはせん切り、干ししいたけは戻して薄切り、細ねぎは斜め切りする。煮干しだしで煮てしょうゆを加える。

③①の生地をさらになめらかになるまで約５分こね、麺棒で 1.5㎜の厚さにのばし、半分の長さに切り、打ち粉をまぶしながら端から１～ 1.5㎜の幅に切る。

④大鍋にたっぷりの湯を沸かし、③を２回に分けてゆでる。途中２回差し水をして、好みのやわらかさにゆで、ざるに上げて急冷し、手早く水気を切る。

⑤熱々のつけ汁につけ、薬味を散らしていただく。

二八そば

感覚研ぎ澄ませて打つ

矢川タマエさん（81）＝南部町上佐野

そば打ちは中学生からという年季の入った達人。霧深い上佐野は上質なそばが育つとあって長年そば畑も耕してきました。タマエさんは大変汗かき。1kgのそばを打つ間、顔中に玉のような汗がこぼれたので、窓を開けようとしたら、すかさず「そばが風邪をひくからだめ！！」と一喝。何よりもそばが大事。乾燥させぬように湿度に気を配り、ぬれ布巾をあてがいつつ、迅速にゆで終えるまで正に真剣勝負の面持ちでした。矢川家定番の野菜つゆはにんじん、しいたけ、長ねぎ、にんにくの葉をしょうゆベースで煮たもの。当日は特別に川魚のカジカを炭火焼きして水から煮出し、しょうゆ、酒、みりんで調味した贅沢なつゆも用意してくれました。

材　料

そば粉 800 g、地粉 200 g、
やまいも 約 200 g、卵 1 個、ぬるま湯 適宜、
打ち粉（そば粉）、そばつゆ、薬味（長ねぎ）
各適宜

作り方

①やまいもの皮をむき、こね鉢にすり入れる。卵も加えて菜箸で溶きほぐす。
②粉類を加えて手早く混ぜ、ぬるま湯を徐々に加えて練る。（以降適宜打ち粉を使用。）
③ひとかたまりになったら麺台の上に取り出して全体重をかけてなめらかになるまでこね、生地をふたつに分ける。片方にはかたく絞ったぬれ布巾をかけておく。
④手のひらを重ねて上からまんべんなく押さえて円盤状にし、麺棒を使って大きく薄くのばす。生地を折りたたみ、右端から細く切る。（残りも同様にする。）
⑤大鍋にたっぷりの湯を沸かし、④を p90 の④を参照してゆでる。（こちらは差し水は不要。）
⑥つゆにつけ、好みの薬味を添えてゆでたてをいただく。

富士川町の「ゆずほうとう」

地域の香りと味つなぐ

細川茂美さん（76）＝富士川町小室

毎年町立増穂南小学校の“ゆずっ子文化祭”の中で地域のおばあちゃんたちが「ゆずほうとう」を子どもたちに伝授しています。その伝承者の一人が茂美さん。ゆず、野菜をはじめ、地粉も自家製です。当日はお孫さんの雅世さんと仲良くほうとうを打ってくれました。料理写真奥は“ゆずの砂糖がけ”。水洗いしたゆずを皮ごといちょう切りして砂糖を適宜まぶしてなじませると手軽なお茶うけに。好みでりんごやキウイと合わせてもおいしくいただけます。

材　料（およそ５人分）

ほうとう：地粉 400 g、塩 少々、ぬるま湯 約 200cc、打ち粉（地粉）適宜

野 菜 汁：煮干しだし 3L、里いも、にんじん、だいこん、ごぼう、はくさい、しいたけ、かぼちゃ、長ねぎ 合わせておよそ 900 g、みそ 300 g程度、ゆず皮のせん切り 適宜

作り方

①野菜汁の具材はひと口大に切る。大鍋に煮干しだしを入れ、根菜類から順に煮て途中ではくさい、しいたけ、かぼちゃも加える。

②ほうとう生地は p48 の②を参照してこねる。

③②の生地に打ち粉をまぶしながら麺棒で1.5㎜の厚さにのばし、15㎝幅に切って重ね、端から1㎝強の幅に切る。

④③の麺をほぐしながら、①に加えて約 10 分煮込み、長ねぎとみそも加え、５分煮る。

⑤器に盛り、ゆず皮を天盛りして出来上がり。

十谷のみみ

代々伝わる“福”の形

望月ふみ江さん（72）＝富士川町十谷

みみは富士川町十谷の郷土料理。「穀物や豆類をすくい取る農具の箕をかたどって食すことで福をありがたくいただこう」という先祖代々の祈りがこめられています。11歳の頃にはすでにマスターしていたふみ江さんのこね姿は気迫満点、ほれぼれする美しさでした。みみは多めに作り、残った分を空気に当てて軽く乾かし、小分けして冷凍しておくと重宝します。十谷ではみみは具だくさんのお汁感覚。小丼に盛り、白飯を添えていただくのが一般的な食べ方です。

材　料

みみ（およそ160個分）
：地粉 500 g、ぬるま湯 約210cc、打ち粉（地粉）適宜

野菜汁：だいこん、ごぼう、にんじん、しいたけ、油揚げ、里いも、かぼちゃ、長ねぎ、みそ、煮干しだし 各適宜

作り方

①野菜汁の材料はひと口大に切り、里いもまでの材料をたっぷりの煮干しだしで煮る。

②みみの生地はp48の②を参照してこね、打ち粉をまぶしながら麺棒で2㎜の厚さにのばす。

③3㎝角にカットし、上部の両端を重ね、接した面を指で押さえて止め、農耕具の箕の形に次々につまんでいく。(料理写真を参考に。)

④①にかぼちゃ、③のみみを加えて約7分煮てみそと長ねぎを加えてひと煮立ちしたら出来上がり。丼に盛り、熱々をいただく。

※ぬるま湯の量は季節によって異なり、冬は多め。しこんとしたかみ応えのある食感がベスト。

※一人分のみみは12～15個、煮干しだしは200cc強、みそは25 gが目安。

小正月のまゆ団子

一年間の無病息災願う

水上寿美子さん（88・右）と、ご近所の薬袋と久子さん（85）＝中央市大鳥居

お蚕さんと共にある暮らしを営んでいた山梨。中でも大鳥居地区は昭和50年代まで全戸が養蚕業を営んでおり、水上家には今も蚕部屋が残っています。小正月の前日には一年の無病息災と豊作を祈り、枝にまゆ玉を刺し、満開の花を咲かせました。年初に作るこのまゆ団子生地は、お団子の基本。草もち、柏もち、ならび団子、お月見団子など…、季節折々にご活用ください。きな粉と砂糖を10：8の割合で混ぜ、熱湯適宜を加えてきな粉あんを作り、まゆ団子生地の芯にすると大変美味。寿美子さんのお孫さんの大好物です。

材　料

特製米粉 1kg、熱湯 約700cc、
食紅 少々、片栗粉 適宜

※特製米粉は水上家で自家栽培したうるち米ともち米を2:1で配合し、製粉したもの。（上新粉で代用可。）

作り方

①米粉をボウルに入れ、菜箸で混ぜながら熱湯を徐々に注ぎ、耳たぶより気持ちやわらかめになるまでこねる。
②こぶし大の団子状にまるめてぺたんとつぶし、熱湯に入れて強火で約10分ゆでる。（半分に割り、芯の部分が白くなければゆで上がりの目安。）
③粗熱がとれたら、なめらかになるまでこねる。生地の1/4量は、食紅を水で溶いて加え、赤く染める。
④手水をつけながら、まゆ玉や好みの形に作って片栗粉を薄くまぶし、お供えする分を白樫または梅の枝に挿し、神棚に供え、大黒柱にも飾る。
⑤残りのお団子は翌朝、野菜たっぷりのみそ汁に入れてやわらかくなるまで煮込んでいただく。

富士吉田・明見の水ねぎ

湧水が育む粘りと甘み

羽田善行さん（63）＝富士吉田市下吉田

「先人たちの知恵の詰まった水ねぎのおかげで家族が風邪知らず」と話す善行さん。寒さの厳しい明見地区は全ての畑が凍ってしまうので田んぼに湧水をひき、水ねぎを栽培しています。湧水の中は6℃前後を保つ天然保管庫。やわらかで粘りの強さが特徴です。料理は知人である和地洋子さんが担当してくれました。上吉田生まれですが、水ねぎの存在を知ったのはつい2年前。「炊きたてのご飯に水ねぎみそがあれば、おかずいらず。納豆並みに粘って甘みと香りが最高よ！」とすっかり魅せられています。レシピの材料はすべて適宜です。ご家庭に合わせて調整してください。

水ねぎの豚肉巻き

作り方

①水ねぎの白い部分を3～4㎝のブツ切りにし、豚肩ロースの薄切り肉で巻く。

②フライパンを中火で熱し、巻き閉じを下にしてのせ、油がにじんでくるまで焼き、裏返して全面を焼きつけ、塩･こしょう各少々をふる。

焼きねぎ

作り方

水ねぎは5㎝長さの斜め切りにし、フライパンでしんなりするまで素焼きし、しょうゆをひとたらしして出来上がり。

絶品ねぎみそと即席みそ汁

作り方

水ねぎはたっぷり小口切りし、みそ適量に加え、厚手のかつおぶしを加えてしっかりとかき混ぜる。熱湯を注げば、だしいらずの即席みそ汁が楽しめる。

山梨市のもろこしのおだんす

香りと食感 奥深さが魅力

山吹荘の女将・名取春子さん（87）＝山梨市三富徳和

お米が貴かった時代、山間部の主食は主に甲州もろこしを製粉したものだったと語る春子さん。昭和20年代前半まで、朝食やおやつの定番だった「もろこしのおだんす」を再現してくれました。昔はあんこも貴重で、主に食べていたのは中が空っぽのおだんす。囲炉裏の灰にいけ、ぷっくり膨れたところにねぎみそをつけていただきました。

材　料（10個分）

甲州もろこし粉 250 g、地粉 50 g、ぬるま湯 約200cc、あんこ 300 g

作り方

①ボウルに粉類を入れ、やわらかな耳たぶ状になるまで様子を見ながらぬるま湯を加えてこね、10等分する。（生地をのばした時、ひび割れない程度。）

②あんこを10等分し、①の生地で包む。

③②を沸騰した湯に入れて約5分ゆで、浮き上がってきたらざるに上げて水気を切り、フライパンで両面に焦げ目がつくまで焼いて出来上がり。

※春子さんのあんこは、自家製小豆に重曹を少々加えてやわらかくゆでたものに砂糖、みりんで薄めに甘みをつけ、塩ひとつまみで味を調えたもの。

さつまいものあんびん

天然の甘味の中に渋味

六郷特産品加工所の
小林佐嘉枝さん（76・右）・上田久江さん（76）
＝市川三郷町網倉

旧六郷町網倉は山深く、かつては米や小麦粉が貴く、雑穀中心の暮らしでした。さつまいもは欠くことの出来ない主食源。低温に弱く、凍みてしまうので収穫後一部はゆでて切干（きっぽ）しに加工し、残りは生のまま皮ごと乾燥させて保存。厳冬期に石臼で挽いて1年間保存し、あんびんを作ったものです。「あんびんの由来は、餡餅とも聞くし、あんこを包んでビンタをくらわすように作るからあんビンとも年輩者から聞いている」と佐嘉枝さん。両親や祖父母の時代、朝食は前夜のほうとうと、囲炉裏で焼いたさつまいもかもろこしの具なしあんびんが定番だったと話します。かつての主食を後世に残したいと強い志を込め、近隣の小学校であんびん講座を開き、普及につとめています。

材　料（16個分）

さつまいも 120 g、
粉類（さつまいも粉 350 g、地粉 150 g）、
塩 小さじ1、熱湯 500cc、
あんこ 480 g（小豆または白いんげん豆）

作り方

①さつまいもは皮をむき、7㎜角に切って水にさらして水気を切る。
②ボウルに粉類をふるって塩を混ぜ、熱湯を注いで菜箸で素早く混ぜる。粗熱が取れたら①を加え、弾力が出るまで両手でこね、手水をつけながら16等分する。
③あんこを等分し、②の生地で包んで両手でたたくようにして平らに整える。
④蒸気の上がった蒸し器で約15分蒸し、粗熱を除いて出来上がり。

※③はサラダ油をひいたフライパンで両面をこんがりと焼いても美味（料理写真奥）。あんこなしで焼くとさつまいも粉ならではの天然の甘味とかすかな渋味が味わえる。

寒の卵

滋養豊かな命の源

小林武雄さん（75）・恒子さん（73）ご夫妻
＝富士河口湖町富士ケ嶺

ご夫妻は富士山を間近に望む雄大な牧草地で酪農を営んでいます。戦後の開拓民として富士ケ嶺に入植したのは恒子さんが10歳の時。溶岩だらけの土地は農作物には不適で酪農に尽力しました。朝から晩まで働き詰めだった日々を経て、今はご褒美のような時間。50頭の子牛の世話をした後、毎朝、家族として育てている名古屋コーチンから卵をいただき、二人で定番の卵かけご飯を楽しんでいます。寒の期間に産まれた卵は「寒の卵」と呼ばれ、食することで一年を無病息災で過ごせる上、「大寒に産まれた卵を食べると金運が上がる」といわれています。

煮 卵

材 料

卵 15 個、こんにゃく（中）1 丁、
しょうが ひとかけ、鶏手羽元 10 本、
かつお昆布だし 400cc、
調味料（しょうゆ・酒・みりん 各100cc、砂糖 30 g）

作り方

①卵は室温にもどしてざるに入れ、沸騰したたっぷりの湯に入れて 15 分ゆで、水にとって急冷し、殻をむく。
②こんにゃくはひと口大の三角切り、しょうがは皮つきのまま薄く切る。
③鍋にかつお昆布だし、調味料を入れ、①と②を加えて味が染みるまで煮る。
④鶏手羽元は表面の色が変わるまでフライパンで焼き、③に加えて卵の内側が茶色く染まるほど煮て出来上がり。

※新鮮な卵は殻がむきにくいので、お尻側の先端に針で空気穴を空けてからゆでると良い。

仲間と仕込む「手前みそ」

薪炊きで豆の風味を引き出す

日之城みそグループのリーダー仲沢信子さん（70・左）＝韮崎市穂坂町

一年中フル稼働のぶどう農家の皆さんですが、寒の時期に入ると、冬に剪定したぶどうの枝を持ち寄って薪にし、一日がかりで10軒分のみそを作ります。大豆のゆで上げの目安は親指と薬指で簡単につぶれる程度。薪の火力は強いため、1時間前後で煮上がります。（レシピは1軒分。2回目以降は沸騰した湯に大豆を投入してOKです。）水温が最も低い「寒仕込み」は傷みにくく良質のものが出来ると言い伝えられ、特に大寒前後に仕込んだみそは味が抜群。「仲間と作るから楽しくて、喜んで食べてくれる家族の笑顔がまた嬉しくて」と繰り返す信子さんに、皆さん大きくうなずきます。

※釜、専用ミキサーなどはみそ屋によって貸出し可。あると作業がはかどります。

※お好みで夏以降食べ始めます。冷暗所がなければ、夏以降は小分けにして冷蔵保存がおすすめ。

材　料（仕上がり約35kg分）

大豆（乾）10kg、
A（米こうじ・麦こうじ 各5枚、塩 4kg）、
塩 約50 g

作り方

①大豆は水洗いし、たっぷりの水に一晩つける。Aは合わせてもみほぐす。
②釜に大豆を入れ、豆が泳ぐ程度に水を足し、薪をくべて強火で約1時間半、豆がやわらかくなるまでゆでる。（ゆで汁は取っておく。）
③網じゃくしで豆を取り出し、専用ミキサーでミンチ状に挽いて台に広げて粗熱を除く。
④③とAを混ぜ合わせ、②のゆで汁約2.5Lを加えて耳たぶ程の硬さに調節する。
⑤保存容器に厚手のビニール袋をかけ、底に半量の塩をふり、④をこぶし大に丸めて投げ入れ、表面をならして残りの塩をふり、軽くビニールで覆う。冷暗所に2日おき、みそが完全に冷めたらビニールを閉じ、落しぶたと2.5kgの重石をのせ、ふたをして保管する。
⑥土用を過ぎたら重石を外し、表面のカビを除いて全体を混ぜ、ビニールとふたをもどす。

手作り豆腐

ふくよかな香りと甘み

いと〜くる料理クラブのみなさん＝韮崎市穴山町
後列左二番目から杉山菊枝さん（71）、
秋山たまきさん（78）、細窪房美さん（74）

2005年に穴山の伊藤窪区域に農作業加工体験施設を立ち上げた際、大豆から栽培して豆腐販売することが決まりました。その際、加工部長と副部長に抜擢された秋山たまきさんと、細窪房美さん。「一からの手習いで試行錯誤を繰り返し、失敗続きの末、上手に固まったときは本当に感激した」と感慨深げにたまきさんは語ります。豆腐販売は8年半で終了しましたが、仲間達に料理上手の杉山さんが加わって料理クラブを結成。定期的に腕を磨いています。ご自慢の豆腐は消泡剤などの余分なものが入らない昔ながらのおいしさです。

木綿豆腐

材　料（約2丁分）

大豆 300 g、
にがり液（にがり原液 12.5ml + 白湯 50cc）、
材料の他に木綿のさらし袋、穴あき木箱、
温度計、重石など

※にがりはメーカーによって異なるので注意書きを確認のこと。

作り方

①大豆を洗い、3倍量の水につけて夏季は8時間、冬季は15時間おいて吸水させる。
②大鍋に1Lの水を沸騰させる。
③①の大豆を浸し水ごと数回に分けてミキサーにかける。生成り色のピューレが呉汁、これを②に加える。最後にミキサーに300ccの水を入れて呉汁をすすいで鍋に入れる。
④鍋を強火にかけ、鍋底からかき混ぜながら温め、沸騰寸前になったら火を止めてひと呼吸おく。泡が落ち着いたら弱火で約8分煮て呉汁に火を通す。

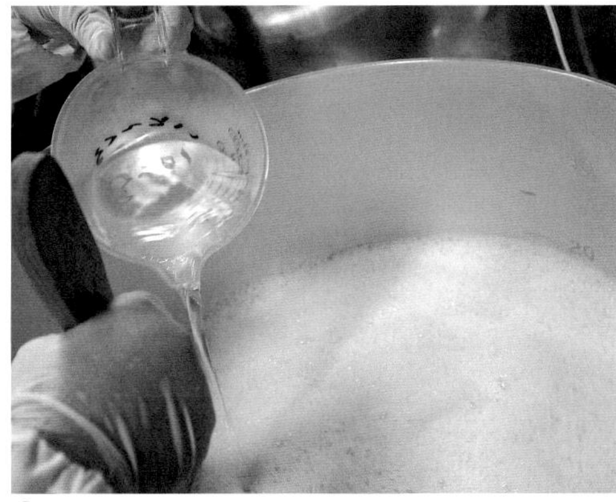
Ⓐ

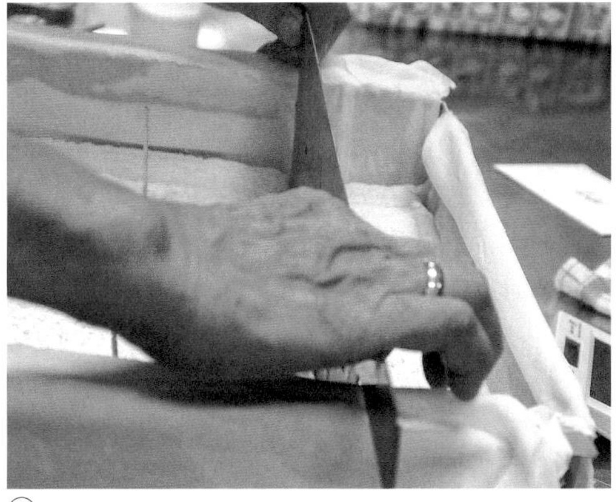
Ⓑ

⑤④が熱いうちにさらし袋に入れて固く搾る。搾り汁が豆乳、絞りかすはおから。（火傷に要注意！）
⑥豆乳を鍋にもどし、鍋底からたえず混ぜながら80℃まで弱火で煮て火を止める。にがり液を木べらを伝わせながらゆっくりと注いで全体を優しく混ぜ合わせ（＝にがりをうつ）、ふたをして約15分かけて自然に分離するのを待つ。（写真Ⓐ）
⑦木箱にさらしをしいて⑥を注ぎ、上面をさらしで覆って押しぶたをのせ、約1kgの重石をのせて15分おいて水気を切る。
⑧⑦を木箱からはずし、水をはった桶に移し、約20分水にさらしてにがりの苦みを抜いたら切り分けて出来上がり。（写真Ⓑ）

※ここでは家庭で作りやすい分量で紹介したが、いと～くる料理クラブの基本レシピは7倍（15丁分）。
※木箱がなければざるなどの穴あきの道具でお試しを。

豆腐料理いろいろ

1. 豆腐団子のスープ

材　料（4人分）

豆腐団子（豆腐 1/2丁、鶏ひき肉 100 g、長ねぎとしょうがのみじん切り 各小さじ1、塩 小さじ1/2、片栗粉 小2）、
A（チキンスープ 600cc、塩・こしょう 各少々）、
ほうれんそう・長ねぎ 各適宜

作り方

①豆腐は水切りし、その他の豆腐団子の材料と混ぜて8等分する。
②Aを煮立て、①を団子状にまるめて加え、火を通す。
③ほうれんそうは3㎝の長さに切ってゆで、長ねぎはせん切りし、②をお椀に盛ってあしらう。

2. おからサラダ

材　料

おから 200 g、ツナ油漬缶 小1缶、ブロッコリー 1/2房、コーン缶 50 g、にんじん 1/2本、マヨネーズ 大5（60 g）、塩・こしょう 各少々

作り方

①ブロッコリーを小房に分け、にんじんはいちょう切りにしてゆでる。
②ツナ油漬缶は油を切っておからに加え、①を加える。
③マヨネーズと塩・こしょうで調味して出来上がり。

道志村のこんにゃく

“のめっこい”のど越し

「みなもと体験館道志・久保分校」にて
右から佐藤輝子さん（69）、佐藤ひさよさん（78）、
半田五津子さん（82）＝道志村

「山間の水はけが良い傾斜地」、「おいしい水」の2条件を満たす道志村はこんにゃくの名産地のひとつ。3人がこんにゃく作りを始めた頃はミキサーもゴム手袋もなく、手がかゆくなるのを我慢しながら水道水の下、いもを卸金ですり、炭酸ナトリウムは目分量で配合し、失敗を繰り返して体得してきました。現在は体験館で「誰もが成功するレシピ」を伝承中。「同じレシピでもいもの質、作る時期、火加減などによって違うので何度作っても飽きないよ」と心底楽しそう。こんにゃくいもの収穫期は10～11月。晩秋から春にかけて生いもこんにゃくが作れます。

材　料（大7丁分）

こんにゃくいも 正味550g、水 3L、
A（炭酸ナトリウム 15g、熱湯 50～150cc）、
塩 大さじ1

※Aの熱湯量はこんにゃく液の煮詰め具合によって調整する。

※こんにゃくはアクが強いので素手は厳禁。ゴム手袋を着用し作業を行うこと。

作り方

①こんにゃくいもは皮をむいて1.5㎝角に切る。
②こんにゃくいもと水を等分し、数回に分けてミキサーに約1分かけて鍋に移す。
③強火にかけ、沸騰したら弱火にして15分間木べらで混ぜながらのり状に炊き、火を止める。Aを加えて素早く混ぜ、透明感が出たらバットに流し、ラップで覆って表面を平らにして約20分おいて粗熱を除く。
④濡れ包丁で③を好みの大きさに切り、塩を加えて沸騰した湯に入れて45分間ゆでてアク抜きし、水にとって冷えたら出来上がり。

※たっぷりの水につけて冷蔵庫または冷暗所におけば1週間保存可。

※“のめっこい”は道志村の方言で滑らかなという意味。

北杜の割り干しだいこん

八ヶ岳おろしが味を濃縮

手前右から小宮山ひろみ部長（72）と北杜市商工会女性部のみなさん＝北杜市高根町五町田

割り干しだいこんは北杜市明野町名産の浅尾だいこんを四つ割りし、八ヶ岳おろしにあてた地域特産品。通常の切り干しだいこんとは一線を画し、肉厚で、かみしめると甘い煮汁がしたたります（料理写真右）。会員の皆さんによる力作は甲乙つけがたく、「甘辛く煮しめてかんぴょうの代わりに入れた太巻き」「挽き肉とピリ辛に炒めた麻婆だいこん」「キムチの素で和えたカクテキ風」「半端のない食感のはりはり漬け」など…。どれも個性的な食感で、すっかり虜になってしまいました。

作り方

①だいこんは水洗いし、しんなりとするまで2～3日天日干しする。葉を切り落として縦に十文字の切り込みを入れ、切り口にひもをかけて竿につるして約10日間天日干しする。

②風通しの良い軒下でさらに2ヶ月干す。

※密閉容器に入れ、冷暗所で保存する。（梅雨明け後は要冷蔵。1年間保存可。）

※調理する際は、流水でさっと洗い、たっぷりの水に沈めて半日～1日かけてもどす。

※適宜切って煮物、漬物、和え物、炒め物、汁物などに展開する。

※戻し汁はだいこんの甘みと旨味が濃縮されているので煮物や汁物に活用する。

干しだいこん煮

材　料

干しだいこん 1本分（5㎝のぶつ切り）、戻し汁、さつま揚げ 2枚・ちくわ 2本（各短冊切り）、サラダ油、しょうゆ 適宜

作り方

材料を少量の油で炒め、ひたひたに戻し汁を注ぎ、しょうゆを加えて1時間以上煮る。

山の恵み 甲州市のシカ

肉や内臓 余さずいただく

依田忠紀会長(75･手前右)と、腕利きの源猟会メンバー＝甲州市塩山一之瀬高橋

取材当日は雪の舞う真冬日。午前に仕留めた3頭のシカの温もりが残る中、迅速にさばかれ、解体作業後は山の神にお神酒を奉げ、一同深々とおじぎをする一連の様には神聖な時の流れを感じました。以後は張り詰めた空気がほどけて和やかな宴に。背ロースは中トロにあたる贅沢な部位。よく焼いて塩、こしょうでいただくと、旨味の中にほんのりと甘みが楽しめます。定番のモツ煮は味を見ながら調味料は全て目分量、まさに山男の大胆料理でした。「入会はもちろん、試食も大歓迎！まずは山に親しんで」と一同からのお誘いです。

定番のモツ煮

材　料

新鮮なシカのモツ(心臓、レバー、肺、胃袋など)、スペアリブ、たまねぎ、酒、砂糖、しょうゆ、焼肉のタレ 各適宜、顆粒だし 少々

作り方

①モツはひと口大に切り、熱湯に入れてぐらぐら煮立つまで下ゆでし、ざるに上げてきれいに水洗いする。

②スペアリブは水から下ゆでし、充分にアクが出てきたらざるに上げ、水洗いする。

③鍋の底にスペアリブを並べ、水気をきったモツをのせ、ひたひたの酒を注いで約10分煮る。砂糖、しょうゆを順に加え、そのつど約5分煮る。

④隠し味に焼肉のタレと、顆粒だしを加え、たまねぎの半月切りをのせ、味が染み込むまで煮込んで出来上がり。

※お好みで背ロース、内ロースなども少量加えると贅沢な仕上がりに。

シカ肉の燻製

厳冬期 ときめきのジビエ

関武巳さん（79）・正子さん（77）ご夫妻
＝北杜市須玉町小尾

退職後に都心から北杜市に移住してきたご夫妻。川上村在住の腕利きの猟師から季節折々にシカ肉が届くので、初めは昔ながらの焼肉やみそ煮を作っていましたが、遊ぶ時間がたっぷりあるため燻製作りに挑戦することに。川風の当たる庭先でシカ１頭分（約30㎏）を１単位で燻製しています。「あるものを上手に使い切る」が武巳さんの流儀。暖房用の木くずにコーヒーかすを加えて燻煙材チップとし、深みのある色香を添えて楽しんでいます。赤ワインをはじめ、白ワインや焼酎にも合う山の恵みです。

材　料

新鮮なシカ肉（ロース、もも、あれば心臓など）1.2㎏（約300ｇのブロック状に切り分ける）、ソミュール液（水 1.5L、塩 400ｇ、三温糖 50ｇ、しょうゆ 70cc、ウイスキー 大さじ２、黒こしょう、好みのハーブ類）、赤ワイン 適宜、燻煙材（サクラ・ナラの同割のチップに、半量のコーヒーかすを加える）

作り方

①ソミュール液をひと煮立ちさせて冷まし、シカ肉を漬け込んで一昼夜おく。
②翌朝つけ汁を切ってネットに入れ、軒下につるして夕方まで日陰干して水分を抜く。
③シカ肉が浸る程度に赤ワインを注ぎ、一～二昼夜漬け込み、翌朝ワインの水気を切り、半日日陰干しする。
④ 100℃の燻製器で約２時間いぶす。途中返し、まんべんなく煙をまとわせる。
⑤そのまま２～３時間放置し、ざるに移して紙ふたをかけて一晩おき、熟成させる。
⑥薄く切ってわさびや黒こしょうを少量添えていただく。

シシ鍋

今も息づく山窩の知恵

渡辺通さん (68) ＝笛吹市春日居町鎮目

山窩とは特定の住所を持たず、季節の恵みを追いかけ、炭焼きをして生計を立てる人のこと。子ども時代に年長者から山窩の話を聞き、自分の中にその血が息づいていると確信。20歳で狩猟免許を取得し、山鳥からはじまって200㎏のイノシシに至るまで46年間存分に狩りにいそしみました。シシ鍋は不思議なことに煮え際を口にしても熱さを感じません。ところがどんぐりのような香ばしい風味と、とろっとした食感で、次第に体の芯から温まっていくので寒い晩におすすめ。良質の肉が手に入ったら、室温に戻し、赤い血がにじまなくなるまで両面をしっかりと焼き、塩・こしょうをふってステーキに。

材　料

適度に熟成させたイノシシ肉 約200ｇ、
ごぼう１本、にんじん１本、しいたけ５枚
長ねぎ１本、こんにゃく(中)１丁、
豆腐１丁、サラダ油 少々、
かつお昆布だし 2L、みそ 適宜

作り方

①ごぼう、にんじんはひと口大の乱切り、しいたけは8㎜幅、長ねぎは3㎝の斜めブツ切りにする。こんにゃく、豆腐はひと口大に切る。
②イノシシ肉は大きめのひと口大に切る。
③鍋に油を入れて中火で肉を炒め、表面に軽く焼き色がついたら、①のしいたけまでの野菜を順に加えて表面にツヤが出るまで炒める。
④こんにゃくも加えてさっと炒め、だしを注いで強火で煮る。沸騰寸前にアクを取り除き、火を弱めてふたをかけて約30分煮る。
⑤みそを溶き入れ、豆腐、長ねぎを加えてひと煮立ちさせて出来上がり。
⑥お椀に盛り、お好みで一味や粉山椒をふりかけて熱いうちにいただく。

小菅村ヤマメのみそ焼き

野趣あふれる名物料理

山水館の女将・舩木長子さん（71）＝小菅村

小菅村は「ヤマメ養殖の発祥の地」であることからヤマメの里と呼ばれています。約20㎝の体にパーマークと呼ばれる黒い斑点を持つ美しい姿が特徴。味が良く、内臓以外に捨てるところがありません。塩焼きが一般的ですが、山水館の野趣あふれる名物料理が「みそ焼き」。年間通して食べられますが、水温が上がり丸々と太る5～6月が特におすすめ。長子さんは大変な料理上手でヤマメが焼き上がる間に、手打ちそば、そばがき、ふきのとうの天ぷら、花山椒の佃煮などを次々に用意してくれました。

材　料

ヤマメ 4尾、みそ 約大さじ2

作り方

①ヤマメは右目を上にして腹側に包丁目を入れ、内臓を取り除いて水洗いする。

②腹の部分にみそをぬり、右目からうねるように竹串をさす。

③囲炉裏に約2時間くべ、こんがりと焼いて出来上がり。串を外して頭から骨ごと豪快にいただく。

※囲炉裏がなければ、グリルまたは魚焼きを使用する。

※山水館の囲炉裏はご主人作の簡易式。ドラム缶に炭をくべたものだが、焼き合がりは極上。

十日市の太巻き

祖父の味 守り続け60年

西きやの三代目店主・小野高督さん（48・左）と
四代目・江梨さん（23）＝南アルプス市寺部

甲州に春を呼ぶ三大祭りのひとつ「十日市」は、昔から「猫の卵と馬の角以外のすべてのものがそろう」が売り文句のにぎやかさです。周辺に暮らす人々にとってはお正月より十日市に合わせて帰省する人が多いのだそう。そして各家庭でいそいそと太巻きをつくるか、地元の西きやに注文するか…。このハレの日に太巻きは欠かせません。西きやの人気の寿司は創業した祖父から譲り受けた伝統の味。巻き方のコツを特別公開してくれました。具材の汁が酢飯に染み込まないように中央にのりを入れて美しく仕上げるのがポイントです。

材　料（1本分）

酢飯 約200 g、焼海苔 1.5 枚、
具材（かんぴょう煮、ちくわ煮、厚焼き玉子、きゅうり、おぼろでんぶ 各適宜）、
手酢* 少々

※酢飯はp109の作り方①を参照
※具材は海苔の横幅の長さに切りそろえる。
＊手酢はお酢のこと。

作り方

①巻きすに軽く手酢を打ち、海苔1枚を縦長におき、奥を約2㎝あけて酢飯を全体に広げる。
②酢飯の中央に0.5枚分の海苔をのせ、手前からきゅうり、厚焼き玉子、ちくわ煮、おぼろでんぶを順に並べ、その上にかんぴょう煮をのせる。
③手前からくるりと巻き、全体を程よくしめて巻き閉じを下にしてなじませる。
④包丁に手酢をつけて7等分に切り、皿に盛って出来上がり。

おいなりさん

五穀豊穣を願い福参り

矢崎孝子さん（71）
＝甲斐市竜王

「葉っぱ一枚でも無駄なものはない」という亡き母親の教えを守り、ご縁あって出会う食材を使い切ることを信条としている孝子さん。このおいなりさんは大家族な上、来客が多いために生まれた工夫いっぱい＆手間いらずのオリジナルレシピです。酢飯が残ったら、油揚げの切れ端、にんじん、しいたけ、かんぴょう、ちくわ煮などを刻んで加えて散らし寿司に。油揚煮を開いて散らし寿司を巻いた「信田巻き」も目先が変わっておすすめです。p85 のかりんジャムも孝子さんのレシピです。

材　料

米 1 升（1.5kg）、
合わせ酢（酢 350cc、砂糖 150 g、塩 大さじ 1）、
油揚げ（厚手）8 枚、
調味液（万能だれ* 300cc、八方だし* 100cc、砂糖 大さじ 5）

作り方

①米を炊いて約 10 分蒸らし、飯台に移して合わせ酢を全体に回しかけ、切るように混ぜて人肌に冷まし、酢飯を作る。
②油揚げの上に麺棒をのせて数回転がし、長い一辺を切り落として袋状にする。沸騰した湯で約 10 分ゆでて油抜きし、ざるに上げて水気を絞る。
③鍋に調味液を煮立て、②の油揚げを加えて次々に返しながらおよそ 5 分かけて煮含め、火を止めて冷ます。
④油揚げに①の酢飯を満杯につめて落ち着かせ、3 ～ 4 等分に切って出来上がり。

*万能だれ：しょうゆ 1L、砂糖 200 g、酒・みりん各 70ccを鍋に入れてひと煮立ちさせる。（1ヶ月冷蔵保存可。）

*八方だし：水 1L を沸騰させ、かつおぶし 15 g、塩小さじ 2/3、砂糖大さじ 3、薄口しょうゆ 40cc を加えてひと煮立ちさせ、30 秒おいてこす。（3 日間冷蔵保存可。）

季節のなめみそ

春を伝えるふきの香り

南アルプス特産品企業組合ほたるみ館みそ作り班のみなさんと、班長岩間花子さん（70・前列右）＝南アルプス市平岡

12月下旬から2月寒の時期まで地元産大豆を主原料にして5種類のみそを仕込んでいるみそ作り班のみなさん。「みそがあれば、ふきみそを筆頭にねぎみそ、山椒みそ、ゆずみそなど季節折々のなめみそが楽しめるし、何より混じり気なしのほんまもんのみそが家庭にあれば安心じゃんけ」と班長の花子さん。「子どもの頃、母親と庭先でみそ作りをしてきた農家が、今、ほたるみ館で仲間達と協力してみそを販売し、お客さんに喜んでもらっていることが何よりの誇りで、生きがい」と話します。ほたるみ館では毎週土曜日7時から朝市を開催しています。

ふきみそ

材　料

ふきのとう 約10個、みそ 250 g、サラダ油 少々、調味料（砂糖 100 g、みりん・酒 各大さじ 3）、かつおぶし 10 g

作り方

①ふきのとうは水洗いし、細かく刻んでフライパンで乾煎りし、しんなりとしたら取り出す。

②フライパンに油をしき、みそを入れて香りが出るまで中火で炒め、調味料を加えてぽってりするまで煮詰める。①をもどして軽く炒め合わせ、かつおぶしを加えて余分な水分を含ませて出来上がり。冷めたら密閉容器に入れて冷蔵保存して2ヶ月を目安に食べる。

即席ふきみそ

みそに砂糖適宜を加え、みりん・酒各少々で硬さを調整し、ふきを刻んで生のまま混ぜる。

※ふきのとうを収穫した晩におすすめ。

百々代あめ

100年続く口福の味に

中沢百々代さん（97・中央）を囲み
浅野三津子さん（61）・美智雄さん（68）ご夫妻
＝富士川町鰍沢

百々代あめの始まりは、百々代さんがバスに乗り込む時、たまたま出会ったご婦人からひと粒のあめを手渡されたことから。出発寸前のバスの窓を開け、レシピを聞いてメモし、その後繰り返し改良を重ね、「百々代あめ」を完成させ、多くの人のお口を喜ばせてきました。今は末娘の三津子さんが引き継いで作り続けています。冬の乾燥する季節、のどしめしに大変重宝。湿度や高温に弱いので、瓶や缶に密閉して冷蔵庫で保存してください。

材　料（30×30㎝のバット大）

バター（あれば有塩）200ｇ、砂糖300ｇ、
水あめ400ｇ、
コンデンスミルク１缶（約400ｇ）

作り方

①鍋にバターを入れて湯煎にかけて溶かし、その他の材料も加えて直の中火にかける。
②鍋底が焦げないようにたえず木べらで混ぜ、焦げ茶色になるまで煮詰めていく。（あめの硬さは手元の水に落として確認。良い具合になると口の中でパリンと割れる。）
③バットに平らにならし、そのまま自然放置して冷やす。粗熱が取れたところでひと口大の格子状に包丁で切り込みを入れる。
④③が完全に冷えたらバットを裏返してあめを取り出し、切り込みにそって割る。（半分、またその半分と順に分割していくと良い。）

※あめを煮詰めていく際は非常に高温になるので火傷に注意。

※バットにはあらかじめ薄くサラダ油（分量外）を塗っておく。

「毎年季節は巡ってくるのに、春になるとどきどきするの」と話してくれた女性がいました。「生きている間は毎年漬け菜を育て続けるよ」と話してくれた男性がいました。自然の恵みに出会うのが嬉しくて、いそいそと里山に繰り出す先人達。

何でも手軽に買える飽食の時代を迎え、世の中では生活習慣病が蔓延しています。食べても食べても体も心もどこか満たされず、刺激を求めてまた食べるの繰り返し。あえて自分の手で種を蒔いて作物を育て、自分、家族、身の周りの人々の好みのジャストサイズに仕上げていく「おごっそう」にこそ、健康長寿の鍵があるのではないでしょうか。

山梨日日新聞に2012年から5年間連載した食の聞き書き「おごっそうの玉手箱」よりレシピ部分を主役にして本書をまとめました。百通りの春夏秋冬の暮らしの知恵や、工夫する喜びが詰まっています。

貴重な時間を割いて快く取材に応じてくださった百余名の伝承者の皆さまを始め、そのご縁をつないでくださった関係者の皆さまに心より感謝を申し上げます。山梨日日新聞編集局文化・くらし報道部の皆さまには連載中、出版部の風間圭さんには出版にあたりお世話になりました。中でも文化・くらし報道部（当時）の田中麻里子さんには企画段階から始まり、本書の完成まで伴走していただきました。家族や仲間たちにも常に励まし支えてもらいました。千回のありがとうを伝えます。

本書が一人でも多くの方々のお手元に届き、皆さまの体と心の栄養になりましたら幸いです。

そしていつの時代にも、おごっそうが共にありますように。

再び巡る春に

食べもの研究家・管理栄養士　新海桂子

レシピ集 おごっそうの玉手箱

2020年3月26日　第1刷発行

著者：新海桂子

発行：山梨日日新聞社
〒400-8515　甲府市北口2-6-10
TEL/055（231）3105（出版部）
FAX/055（231）3150
https://www.sannichi.co.jp/

ISBN978-4-89710-013-5